YOUXIUZHE SHAN ZONGJIE　　CONGMINGREN QIN FUPAN

优秀者善总结
聪明人勤复盘

「17所顶尖高校大学生的
年度总结计划」

顾　问：沈志云
主　编：孔祥彬
副主编：陈曦轶　古定翱　杨　婧　胡邦宁

华中师范大学出版社

编委会

清　华　大　学	黄伟希	张宇飞	杜　娟	
北京航空航天大学	赵　青	梁伟涛	李明智	王立东
	乔　梁			
南京航空航天大学	杨　杰	代潇丛	丛歆雨	
电子科技大学	林伯先	李　孟	王世豪	陈博文
浙　江　大　学	季湘铭	王晓民	余郑霁	
重　庆　大　学	程　乐	陈勇凡	李兰杰	韩　玉
西南交通大学	孔祥彬	陈曦轶	古定翱	杨　婧
	张容华	安晟斐	姜一菡	陈　蕾
	熊　兰	唐　珂	苗鸿臣	
西北工业大学	赵　超	李祖鑫		
四　川　大　学	季袁冬	杨　焕	薛　蕾	马丽娜
华中科技大学	宋建涛	牛　恒	张　涵	薛茜茜
哈尔滨工业大学	付梓航	曹昊阳	张浩铭	
北京理工大学	辛嘉洋	柴源涛	李晨迪	
大连理工大学	夏广庆	张小钢	吕　军	赵文强
上海交通大学	李　魏	高　瑾	刘张鹏	
复　旦　大　学	葛锡颖	吴玉飞	吴　瑶	李应辰
同　济　大　学	王晶晶	杨宁汉	潘　盼	
厦　门　大　学	林　蔚	沈　鑫		
西安交通大学	李昱静	李宇辰	陆天舒	
中　南　大　学	李玲芝	高佩茹	肖楚楚	
中　山　大　学	赵晓江	张　超	钟　轩	

谈谈新质学习力

最近都在提新质生产力,很重要。对于新时代的大学生们,在这个百年未有之大变局,则要掌握好新质学习力!新质生产力是一种符合新发展理念的先进生产力质态,而新质学习力则是一种满足时代新人要求的优秀学习力状态。

新质生产力的根基在实体经济,新质学习力的根基则在于勤学苦练。有时候考试得高分是有技巧的,但知识只有懂和不懂之分。不管用 iPad 来学还是草稿纸来算,搞得懂原理,解得了难题才是硬道理。

新质生产力的关键在于科技创新,新质学习力的关键则在于推陈出新。再精彩的旁征博引也讲的是别人的观点,消化吸收再创新后才会拥有自己的专利。知识只有运用到实践中才能有用,知识也只有不断创新才能推进世界的进步。

新质生产力的方向是产业升级,新质学习力的方向则是境界跃升。君子怀德,小人怀土。斤斤计较于一些小成绩、小名利,只会一叶障目让人慢慢成为利己主义者。愿意做一些公益,眼里多一些别人和集体,才能逐渐体会从小我升维到大我的人生意义。

发展新质生产力,就要有与之相适应的新型生产关系。发展新质学习力,也要有与之相适应的新型学习关系。其中,学习者的反思规划能力至关重要。省察克治,是中国人的修身之道。不省察,不足以明得失、晓因果;不克治,不足以明步骤、图大计。没有独立的思考,为了学而学,为了创新而创新,为了升级而升级,终究是走不远的。

孔祥彬老师在交大上的课非常受欢迎,不仅讲得好,他还给学生布置了很多很有意思的作业,每学期末都要写一份总结计划就是其中之一。后来他把这个事情设计成了一个学生活动,还和很多高校一起帮助学生们养成总结计划的好习惯,这是一件很了不起的事情!

细看这一篇篇文章,我们看到了同学们对自己一年学习生活的描述和思考,更看到的是一个个德智体美劳全面发展的优秀学子,以及17所高校为了学生们的成长、成才所安排的多种多样的学习、实践资源和平台。

希望更多的大学生们养成每年总结规划的好习惯,在学习期间提升新质学习力,将来到工作岗位上去提升新质生产力,为中国式现代化的伟大事业做出积极的贡献!

中国科学院院士、中国工程院院士

目　录

本科生 ……………………………………………………… (001)

歧路与旷野 ………………………………… 清华大学　李一帆 (003)
认识自己 ………………………………… 哈尔滨工业大学　郝梓淇 (006)
关于遗憾的辩证法 …………………………… 西南交通大学　王骏烨 (009)
流过泪的眼睛更明亮 ………………………… 北京航空航天大学　赵　飞 (013)
岁月深长，万物有期 ………………………… 北京理工大学　杨巧娅 (019)
凛冬已去，暖春将来 ………………………… 北京航空航天大学　胡祖铭 (024)
风景见证足迹，时间回答成长 ……………… 大连理工大学　苏嘉华 (028)
改变自己，成就他人，引领变革 …………… 电子科技大学　徐君仪 (033)
悟已往之得失，慕鸿鹄以高翔 ……………… 复旦大学　姚　俊 (038)
撕掉标签，直面挑战 ………………………… 华中科技大学　张砚岚 (042)
始于梦想，基于创新，成于实干 …………… 四川大学　张彦鑫 (047)
让自己的优秀不止一面 ……………………… 西北工业大学　高世瑾 (052)
轻舟的痕迹 …………………………………… 重庆大学　游创智 (057)
奋发有为，继往开来 ………………………… 北京航空航天大学　高琬婷 (061)
人生万事须自为，跬步江山即寥廓 ………… 电子科技大学　李欣妍 (064)
少年辛苦终身事，莫向光阴惰寸功 ………… 华中科技大学　曾俊杰 (069)
人生如琴 ……………………………………… 南京航空航天大学　秦　璇 (073)
回顾往年，展望未来 ………………………… 清华大学　张可言 (080)
携手空天，遇见未来 ………………………… 上海交通大学　任家鹏 (085)
不啻微芒，造炬成阳 ………………………… 四川大学　白　芸 (090)
走出舒适圈，迈向新征程 …………………… 四川大学　何闪闪 (094)
奋楫笃行，乘风破浪 ………………………… 西北工业大学　李奕辰 (098)
从迷茫、恐惧到向光而行 …………………… 西南交通大学　陈帅铭 (102)
SHOW：一个普通学子的简单理想 ………… 西南交通大学　叶飞扬 (106)

求知之路，充实之年 …………………… 电子科技大学 刘海波（110）
站在路口我想说 ………………………… 哈尔滨工业大学 陈雨诗（113）
玉兰树下，几多学思，一缕书香 ……… 大连理工大学 刘峻铭（117）
少年与爱，永不老去 …………………… 华中科技大学 李佳豫（120）
行远自迩，前行必有曙光
　　………………………… 南京航空航天大学 阿丽耶·阿西木（126）
开花的梦想结硕果 ……………………… 厦门大学 寇思丹（130）
改变 ……………………………………… 上海交通大学 魏宇涵（134）
不惧变化，坦然应对 …………………… 同济大学 涂景奇（138）
踔厉奋发，笃行不怠 …………………… 重庆大学 闫 涛（142）

硕士生 …………………………………………………………（147）

穿越逆境，抵达繁星 ………… 北京航空航天大学 张潇予（149）
落子无悔，奔赴前程 ………… 北京航空航天大学 夏侯超（153）
知无央，爱无疆 ………………………… 厦门大学 高崇善（156）
脚踏实地，仰望星空 …………………… 北京理工大学 杨 婧（160）
释放束缚，启征未来 …………………… 浙江大学 张 一（164）
志之所趋，无远弗届 …………………… 西北工业大学 张刘明远（167）

博士生 …………………………………………………………（173）

生活平淡，生命精彩 …………………… 清华大学 赵晓睿（175）
成熟与暮气间隔着道墙 ………………… 西南交通大学 柯志昊（180）
逝者如斯，当争朝夕 …………………… 浙江大学 王 进（187）
空天报国，砥砺前行 …………………… 厦门大学 陈锦文（193）
在徘徊孤单中坚强 ……………………… 清华大学 陈 亮（199）

后记　高校航院大学生优秀年度总结计划评选活动工作案例
　　………………………… 西南交通大学 孔祥彬 古定翱 安晟斐（203）

本科生

歧路与旷野

李一帆　清华大学航天航空学院

2022年,世界在动荡与翻覆中书写着历史,一切都笼罩在空前的不确定性之下,中国继续以破竹之势逆风而上。隔开舞台前后的幕布已被打破,每个人都从缝隙中窥见了世界秩序运行的逻辑,思考着个人生命的意义。作为2022级本科生,我的2022年上半年在无尽的高三题目、试卷与竞争中度过,下半年又在疫情的变化中匆匆度过了大学的第一学期。回首这一年,是成长也是历练,有破茧成蝶的瞬间,更多的是跌跌绊绊和磕磕碰碰。但我相信厚积薄发的力量,怀揣赓续前行的决心,写下了人生中值得无穷回味的一章。

新生活:分叉与交叠的歧路

我们在高中的每一天都被学校与老师安排得妥妥帖帖,高考的压力迫使所有人把每一分每一秒都花在学习上,不需要思考自己应该干什么、未来想要干什么,唯一要做的就是按老师的要求做题、考试。高中的生活纯粹而简单,我也以为生活将永远这样,只需专注于学习的方面,大家在一个赛道上共同前进。

不曾想到,在高中时生活是单向的坐标轴,在大学却变成了很多分叉与交叠的歧路。在学习这一条主路之外,是无限的旷野,其中无数条道路分叉、交叠。我们可以选择谈一场轰轰烈烈的恋爱,留下一段浪漫的罗曼史;可以选择投身志愿活动,把他人和自己同时照亮;可以选择参与社团,在组织和策划中建立起人与人间的情感连接;可以选择在运动场上挥洒汗水;可以选择在乐团中创造并享受音乐……

道路之纷杂令人眼花缭乱,我心向往之又深陷迷惘。在习惯了高中两点一线、淹没于题海中的备考生活后,进入大学,我竟突然有些无所适从。生活被赋予很多余裕,我却常常在宿舍发呆而不知该干什么,或者只是在短视频与游戏的低级娱乐中消磨沉沦。诸如短视频此类的娱乐都是消磨性的,当我在其中消磨时间之后再回首，只能惊觉时间的浪费，而细细回想却无所收获，但却常常在这种无意义的娱乐中愈陷愈深。于是，我在这错杂的道路中开始寻觅我的"金羊毛"，尝试着培养一些爱好，希望在未来回首时能够欣喜地发现自己的成长，构建起付出与收获的稳定平衡。

艺术：灵韵与心灵的碰撞

"艺术是一种享受，一切享受中最迷人的享受。"罗曼·罗兰如此写道。我一直想要培养一门与艺术相关的爱好，为自己在闲暇之余能够进入那崇高的"灵智境界"中而努力。在浏览了大量与艺术与乐器相关的论坛、视频后，我发现自己对钢琴那清脆而富有表达力的声音情有独钟，便在尝试中打开了一片新天地。有一点遗憾的是，清华大学的钢琴课之火爆，放在全校都是数一数二，自认运气不好的我只能黯然放弃，转而自己摸索。

初学钢琴，自己摸索的困难是巨大的，我时时感到指法生涩、手指无力、训练方法不当等，于是便在各论坛中搜索相关信息，观看各种公开课视频，学习其他爱好者的经验，再自己摸索练习。渐渐地，我感到自己初窥门径，似乎掌握了最基本的钢琴技术，但是一旦深入一些，就立刻遇到更多几乎无法解决的问题。显然，在钢琴这样的专业性领域中，有能够给予定期指导的老师无比重要，因为正确科学的练习方法和及时的纠偏在练习中必不可少。于是我找到了一位专业的钢琴教师来指导。

"师父领进门，修行在个人。"乐器的学习离不开持续刻苦的练习。我在繁忙的学业之中抽出时间，保持着钢琴的练习，也保持着对艺术的敏锐。技术练习是枯燥的，但是自己的进步令我欣喜。渐渐地，我能够弹奏一些更具有挑战性的作品，也离自己的钢琴梦想越来越近。能亲手弹奏出优美动听的钢琴曲在繁忙的学习空隙中无疑是最好的放松，手指与琴键的触碰让我在音乐中找到了灵魂与生命的栖息之地。进一步地，钢琴成了我步入艺术大门的契机，我逐渐爱上了肖邦、巴赫、拉赫玛尼诺夫……古典乐精深奥妙的旋律、和声、结构等，无不让我心驰神荡。甚至，在参观艺术博物馆时，我感到雕塑和绘画的精神也不再是纸面上单薄的解说，而是渐渐和我的生命融合，共同迸发着生命与活力。

清华大学的通识课组中有艺术课组，我想这是十分科学而必要的。叔本华将艺术作为穿透表象、直抵理念的直观方式，或许这正是艺术的终极意义：

它不是空洞的理论教条，不是机械的技术练习，而是在审美与共情中建立起不同时空中的人的精神连接。而在素质教育中，艺术的意义也不仅仅在于学习之余的放松，而更在于培养我们终身的艺术意识和审美情操，为我们建立和世界上那些最伟大的灵魂直接对话的桥梁，而这种对话将构成我们最直观的生命经验之一。

如果说，大学生活是旷野中交错的歧路，那么艺术就是路边从始至终的陪伴者，也是远方无尽的追求。

（本文修改后，发表于《大学素质教育》。）

> **评语**
>
> 李一帆同学在大学生活的课业学习之外，思考了不同课余活动的性质，并在摸索中选择了艺术的道路。在文章中，他将自己与音乐邂逅的故事娓娓道来，并探讨了艺术在通识教育中的地位和在人生旅途中的作用。这篇总结重点在于对艺术与大学、艺术与人生的思考，体现了他善于自鉴内省的特点。
>
> ——清华大学航天航空学院辅导员　马世育

认识自己

郝梓淇　哈尔滨工业大学航天学院

2022年的夏天，高考后的我正整理高中用过的课本，无意间瞥到写在语文书扉页激励我整个高三的那句话——认识自己。我看着这句话，又看了看放在桌上的哈尔滨工业大学的录取通知书，思绪颇多，不知该从何说起。苏格拉底如是说的一句话，我个人认为不仅在高中那种紧张、快节奏的备考中适用，更应延拓至大学乃至人生过程中。当我回望第一个学期的大学生活时，我的脑海中不断闪过许多片段，有欢笑，也有痛苦，但也正是这些复杂的情绪变化过程，才会让我逐渐认识自己。所以，这篇文章名为"认识自己"，我认为这一点是大学给予我的最宝贵的财富。

在学习中重识自我

在学习中，学会掌握自己的时间，让我从高中生进步成了大学生；实事求是与奋斗自强，让我从一名普通的高中生成为"规格严格，功夫到家"的哈工大人。

接到哈尔滨工业大学的录取通知书时，我并不清楚我的身份即将从高中生变为大学生。在暑假中我尝试做了相关计划——自学先修数学分析、线性代数等基础工具学科，提前报名学科竞赛等。可在计划实施阶段我却屡屡出现内容完不成，进度拖拉的不利状况，我突然认识到或许是多年以来在学校与家长的督促下学习的我逐渐丧失了自我安排和管理的能力。从那时起，我便有意地提高自我管控能力。

开学之时，大把的空余时间让刚入学的我感到十分犯难。一整天也许只有上午有课，这与高三时一整天紧绷神经的作息完全不同，再加之无人管控的自由，也曾让我误入迷途。没课便打游戏成了固定规律，而当我看到晚上有人十一二点从图书馆回到宿舍时，我也十分懊悔自己的不上进。是该"一卷到底"还是"一摆到底"，该怎样把握时间，我带着这些问题找到了李传江教授的大学生活导论课，他的那段话至今令我印象深刻——卷与学是有本质区别的，一个是自身的内耗、一个是对自身的提高；但摆和放弃自己别无二致。要成为时间的主人，在你人生的这段黄金时期拼命提高自己、汲取营养，为你以后长成参天大树打下牢牢的根基。是呀，逝者如斯夫，不舍昼夜。时间一去不返，像沙子从手指的缝隙间流过，倘若不能成为自己时间的主人，不光大学会虚度，人生可能也会虚度。那一刻，思想觉悟了、升华了，我开始利用闲暇时间去读书、去钻研题目、去了解未知。期中考试的成绩让我感受到我确实成了一名大学生，至少掌握住了时间。

另一件小事，让我成长为"规格严格，功夫到家"的哈工大人。那是一节任雪昆教授的微积分课，在课间我问了她一道证明题，我说我感觉用这个方法可以证明出来，她却说数学要求严谨，去尝试把它一步一步地写出来，再仔细思考一下。我照她说的去做了，具体的题目我虽然早已遗忘，但这种实事求是、严谨认真的精神给我留下了不可磨灭的印象。"规格严格，功夫到家"不仅仅是一句口号，更是百年来一代代哈工大人留下的宝贵精神遗产。后来，我常常用这八个字鞭策自己，尤其是在做学问的过程中，我始终以最严格的标准要求自己。虽然期末成绩的进步体现了阶段性的成果，但我认为这八个字的内涵远不止此，践行之路道阻且长！

在生活中历练自我

大学生活让我更深刻地理解独立自处与勇于尝试。

一方面是独立自处。大学生活逐渐零碎化，最明显的就是高中那样集中的集体不见了，取而代之的是一种松散的人际交往模式，与每一个个体单位的关系成为主体。独自一人并不代表着孤独，在喧嚣的人群中未必能有充实的灵魂。我常常在图书馆一个人学习或休息，我认为这样的环境最适合思考，最符合我的生活节奏，不必在喧闹中应和让我感到无比的轻松。或许每个人都有着各自不同的生活模式，但是独立自处是每个人都必应会的技能，尤其在未来面对科研时是必须拥有这种心态的。

另一方面是勇于尝试。认识自己是明确自己的定位，而非刻意地为自己设限。在上半学期，我常常专注于学习而忽略生活中的其他活动，辅导员注意到后也提醒我积极参与。我意识到学习不等于生活的全部，去参加篮球比赛、健身项目、社团宣讲等活动。我还积极参与团员活动，青年大学习更是每次不差。提交入党申请书时，一种青年的使命感与对家国的责任感油然而生。初次参加志愿活动，并在一学期内累计志愿活动时间超过 100 小时，让我体会到帮助别人所获得的成就感与满足感。加入百思堂与同学们一起研讨问题，帮扶同学。加入大学生科研创新项目并初步掌握科研流程、实地考察科研团队。在那段时间里，我的心态是从未有过的昂扬向上，我真真切切体会到泰戈尔所说的"生如夏花之绚烂"的美妙。

总结来看，学习上我收获了相对满意的成绩，但心态上的成熟，对时间的把握，对哈工大"规格严格，功夫到家"的理解让我受益更多，也催促着我向更高的目标奋进。生活中的独立自处让我理解更多，思考更深；对于大学生活的勇敢尝试，让我不断探索生命的界限。我的第一个学期算不上完美，当然也不算太坏。但往事已成过往，一切皆为序章，远方的道路尚待我去踏足。自信尚未丢失，我不后悔自己所做过的决定，更坚信未来的我会变得更好。

写在最后

来到哈尔滨工业大学就读，本身对我来说就如一场梦一般，是与我的梦想无限接近的一个距离。我认识到自己的平凡与渺小，与我头顶上那片无垠且神秘的星空相比就如同沧海一粟，尽管地球上冲突不断，又没有很多人向那地球之外的尘世瞥一眼，但那火箭划过夜空的轰鸣，空间站反射出的银色光泽，旅行者号不断发出的信号是那样动人心弦。借用肯尼迪在《我们选择登月》演讲稿中的一句话：太空值得全人类尽最大的力量征服，而且和平合作的机会可能永远不会重来。现在，我看了看窗外的星空，向着星河不断前进！

（本文修改后，发表于《大学素质教育》。）

> **评语**
>
> 郝梓淇在这一年中既能积极参加校园活动，又能保持学习成绩稳步前进，在竞赛中也收获颇丰，真的很棒。这篇总结主要展现他在大学阶段快速学习丰富自我的过程以及他对大学素质教育的体悟。希望他能像文中所写的一样不断认识自己，坚定不移地走下去。
>
> ——哈尔滨工业大学航天学院辅导员　魏昕辰

关于遗憾的辩证法

王骏烨　西南交通大学力学与航空航天学院

"人生天地之间,若白驹之过隙,忽然而已。"时光飞逝,细数过往,我既有经历了奋力拼搏考上交大的欢喜,初入大学满目的新鲜,也有课堂内外四处出击后的茫然,不少事情未达自己理想状态的不甘……虽有一定的进步,但依然留有较多的遗憾。"塞翁失马,焉知非福。"这些遗憾反而促使了我的反思与规划,于是有了这篇小文。

一、刻骨铭心感受颇深

作为一名在校大学生,"慎独"和"自省"尤为重要。细数过往,下面三点仍记忆犹新。

1. 时间挤一挤总会有的

日无二晨,时刻不重临。时光虽匆匆,但是只要你愿挤,时间总还是会有的。这一年,专业课的难度增加,所以我需要花更多的时间去攻克,一下午或一晚上的时间转瞬即逝。我逐渐感觉到,每天占据自己几个小时时间的手机才是最大的时间消耗者,所以我努力减少自己看手机的时间,把娱乐的时间挤给复习。此外,以前的期末复习经常熬夜,但效果并不好;今年我改为早睡早起,我发现不熬夜了反而会节省很多时间,学习效果也就好了起来。

2. 面对困境,应学一学苏轼

人的一生不可能一帆风顺,但是那些打不倒你的困难,终会让你更强大。写下"竹杖芒鞋轻胜马,一蓑烟雨任平生"的苏轼便是一个典型,而他乐观豁达的心态则值得好好学习。在这一年里,我遇到好多难题:专业课难,我就花更多的时间去攻克,也请教了不少朋友、老师;软件不会,我就多花时间去看教程去学习,我相信没有什么能够打倒我;组织学生活动难,我就请教老师和学长,不断提高活动效率和质量……所以,一年过去了,我也取得了一定的进步。

3. 任凭雨如注，总有天晴时

我深知，再大的风雨终会过去，且允许一切发生，伤心总会过去。这一年里，也有一些不如意的事情，这些不如意给我带来的是一段时间的失与悲。但是，现在想想，在难过的时候，晚上睡一觉，早晨醒来，便不再那么悲伤，所以时间它很神奇，无论经历了多大的喜与悲，它总会抚平内心的波澜，让你回归平静。允许一切发生，往往能够物极必反，否极泰来；允许一切发生，是抛弃烦恼和忧愁的不二选择。看到别人比自己的专业技能强，没必要担忧，从现在开始更加努力；竞赛没有拿奖，没必要伤心，后面还有更多的机会在等着自己。

二、自省自励综合发展

反省是一面镜子，它能将我们的错误清清楚楚地照出来，使我们有改正的机会，自我反省，才能找出自己存在的问题并加以改正。每当我静下来的时候，我就会不断反省自己。诚然，我们都生活在深井中，但仍有人仰望星空，那些仰望星空的人，必定内心藏着生生不息的梦想和希望。在这一年中，在不断自我反省的过程中，我总是不断激励自己，信心满满地迎接一切，有了信心，便有了坚持下去的动力，好多难题便可以迎刃而解，有些时候还给出了完美的解答。

在我的自我反省中，我的大学生活还是有一些遗憾的。但是对我来说，这些遗憾并不可怕，重要的是反思与总结，让遗憾成为自己成长的催化剂，在反思与总结中，不断丰满自己的羽翼。

1. 掌握时间管理的艺术

在学校，我的保研动力受习惯和时间规划阻碍。写作业时，手机干扰最大，尤其是 QQ 消息和购物平台等诱惑，导致我无法高效学习和按时完成任务。此外，我常在周五晚上熬夜，导致周末无法按时起床，浪费大量时间，无法完成计划。

毫无疑问，对于当代大学生来说，时间管理是一种必不可少的能力。针对我的这个问题，学校的生涯规划指导老师给予了我帮助，他们指导我：制订清晰的目标、制订优先级、制订计划和避免拖延等。在我深入地自我洞察中，我逐渐明白了这个道理：一方面，我应该将大部分时间投入学业，以确保我能够顺利地完成学术任务；另一方面，我也不能忽视休闲娱乐和身心健康的重要性，需要合理分配时间进行体育锻炼、参与社团活动、培养个人兴趣等。这不仅能让我身心得到放松，也能拓宽我的视野，提升我的个人素质。

2. 为科研工作夯实基础

自上大学以来，我过于专注书面知识，忽视了软件学习在力学中的重要性。导致在专业课和竞赛中处于劣势。例如，在大三开始时，我对软件了解几乎为零，完成课程作业困难，需额外学习软件知识。对软件不熟悉也使本科科研项目进展缓慢。

诚然，对于每一位大学生而言，专业基础知识与软件应用能力的掌握都是至关重要的，它们构成了我们日后深造的坚实基石。通过深思熟虑和反思，我深刻地认识到，作为一名大学生，必须将学习专业基础知识作为大学生活的重要使命。在学习的旅程中，我们不仅要重视理论的研究，更要致力于实践的应用，通过实践来加深对理论知识的理解和掌握。同时，我们也要重视软件的学习，让强大的软件应用能力成为我们科研工作的得力助手，使得科研工作更加高效。所以，在上个学期，我参加了学校的编程与软件仿真的相关课程，目前，我已经对相关软件有了一定的了解，掌握软件相关基础知识也为我今后毕业论文的写作夯实了基础。

3. 拥抱独立思考的魅力

每次面临多个选择时，我总是犹豫不决，容易受他人影响，没有自己的主见。例如，大三上学期随波逐流报名了许多竞赛，结果准备不充分；再如，年末是否提前返乡的选择，犹豫了两天才决定。现在看来，选择困难症只是浪费时间，增加自我压力和增加精神内耗。

身为一名大学生，拥有自己的见解，不随波逐流，这不仅是独立思考和理性决策的体现，也是拥有社会责任感和批判性思维的显著标志。因此，我首先需要明确自己的价值观和人生目标，有自己的判断和选择，而不是盲目跟随他人；同时，我应该具备批判性思维，对接收的信息和知识进行深度思考和质疑，而非盲目接受。这就需要我不断提升自己的逻辑思维能力和分析能力，能够从多角度和更深的层次去理解和分析问题。此外，我应该有勇气坚守自己的主张，即使面临压力和挑战，也不应随波逐流，舍弃自我。

三、做自己人生的主角

我的大学生活中，有良师为我指路，有益友陪我共渡难关。我还遇到了那些刚步入大学校门的学弟、学妹们，从他们的身上，我看到的是两年前的我。曾几何时，我又回忆起许多许多。我的大学生活，既有所失，也有所得，我们改变不了过去，但可以创造全新的未来。向上的人生，最终还是要靠自律实现，别辜负时光，去做自己人生的主角。祈星辰山川，慈悲温良；盼世间江湖，明澈无染。长风破浪会有时，直挂云帆济沧海。

我坚信，我的2023年，定会是一片星辰大海。

（本文修改后，发表于《大学素质教育》。）

评语

王骏烨作为学院学生会主席，既能组织好各项学生活动，又能拿下专业成绩年级第一，2022年还拿了国奖，真是可喜可贺。这篇总结也展现了一个优秀大学生在思想深处善于思考和总结、勤于复盘并不断精进的特点，值得师弟、师妹们学习借鉴。

——西南交通大学力学与航空航天学院党委副书记　孔祥彬

流过泪的眼睛更明亮

赵飞　北京航空航天大学航空科学与工程学院

2022年，是我在北航学习和生活的第四年。在这一年里，发生了很多很多事情。无论是在学习上、工作上还是生活上，我都大有收获。借年度总结的这次机会，我想将我四年来的所思所想、所闻所见在时间轴上铺展开来，将自己抽丝剥茧一样地进行一番剖析。一方面，我可以总结取得成绩的方法；更重要的，是直面自己过去碰过的钉子，从中吸取教训，总结经验，在接下来的一年里更好地学习、工作和生活。

在写下这段文字的时候，我的内心闪过了本科期间很多很多的瞬间：大一，看到自己不堪入目的总成绩时，我在想是不是我的大学生活注定无法发光发亮；大二，看到课表上满满的专业课，又看到自己76分的数学分析成绩，我担心我是否能够学明白这些专业课程；大三，在飞机总体设计课程里，我认识了一群志同道合的小伙伴，大家一起奋战到夜半时分，最后在北京的寒冬里顶着寒风披着星光回到寝室，那种高效、团结的氛围让我难以忘怀；大四，保研面试结束以后那种如释重负的心情，后来看到自己通过了面试时，感叹自己终于证明了自己一次……很多很多的瞬间，或暖心，或痛苦，都是我弥足珍贵的回忆。

一、勤耕不辍，功夫不负有心人

进入大学的第一个学期，我的成绩糟糕极了：所有的主修课程均分75分，成绩在北航的大一新生里排1004名。当时我在想，是不是我的大学生活注定了默默无闻？当时学院组织优秀的学长、学姐们给我们做报告，听过他们的故事以后，我心里十分不是滋味，十分不甘心。我不希望我一直在深渊当中遥望其他人闪闪发光。所以我想走好我以后的每一步。

仰望星空的目的，是要修正自己前进的方向，这是我明白的第一个道理。反观大学的第一个学期，我虽然学习的时间很长，但是学习的效率并不高，没有深入地思考公式的推导、适用条件等，只是在机械地记忆课本上的内容。知识并没有内化，只是从书本上原封不动地搬到了大脑里。这样做无疑是事倍功半的。后来我开始优化学习方法：深入思考知识点，努力将它们内化；动起笔来，逐一推导每一个公式，做到会证会用。于是乎，我对书本上知识的理解越来越深刻，成绩也开始有了起色。我们要努力，而努力的方向是非常重要的，南辕北辙永远都走不到终点。及时反思，调整方向，也是努力过程中重要的一环。

保持一颗平常心，不苛求完美是我明白的第二个道理。在大三下学期时，我由于受到大三上学期还不错的成绩的影响，打算朝着国家奖学金的目标努力。但是由于心里总有奖学金这块"石头"压着，导致我在平时的学习中没有深入思考，期末考试很紧张，发挥不佳，最终学年总成绩没有达到相关要求。这就是"有心栽花花不开，无心插柳柳成荫"吧。在前进的路上，保持一颗平常心，不患得患失，才能走得稳重踏实。

永不言弃，流过泪的眼睛更明亮，这绝对是我明白的最重要的一个道理了。从大一垫底的成绩到最终我得以顺利保送研究生，这个过程是从谷底爬到山顶的过程。虽然我的起点比不过大多数同学，但是我没有因为起点的原因选择放弃，我也十分感谢当初的那个没有选择平庸的自己。我非常感谢在我被自卑压倒时，给我指导和鼓励的学长、学姐和同学们，是他们告诉我，一个人能走得多远，不仅仅取决于起点，加速度同样重要。走好自己的每一步，就是走好了全程。我仔细想想觉得很有道理，不拼一把，怎么知道自己注定默默无闻？不如用最少的悔恨面对过去，用最少的浪费面对现在，用最多的精力面对未来。流过泪的眼睛更明亮！

遇到困难并不可怕，可怕的是在困难面前失掉了战胜它的信心和勇气。一切困难都不是不可战胜的，困难一定有它赖以生存的条件，只要我们能够静下心来，看到困难所赖以生存的条件，那么就一定能战胜它。把住了它的命脉，那么困难就变成了一只纸老虎。如果被困难吓破了胆，不知所措，那么也就无从谈起分析困难之所以存在的条件，更谈不上战胜困难了。

二、全心全意，传递祝福同安康

2022年的上半学期期末，作为班级的学习委员，我为班级同学筹备了一次飞行力学专业课的串讲。我想用我力所能及的方式来帮助同学们。串讲的效果不错，得到了同学们的一致好评。面对这么多同学讲授自己初学的知识点，是对我语言表达能力和知识积累的一次考验。我最终能够顺利完成这次串讲，感觉很不错。

在大四刚开学的时候，我报名参加了北航的学业发展与支持中心，成为一名朋辈辅导师，主讲理论力学。看着周围学弟、学妹们期待的眼光，我第一次感受到了自己肩上的压力：这么多人在看着我，期待着我。我要认真地备课，为他们带来优质的串讲。最后的期末总复习直播，短短一小时观看者达到了 56000 多人次，说实话，看到数据的时候我是非常震惊的。看着最后评论区打满了学弟、学妹们的"谢谢学长"，我觉得所有的努力都是值得的。

除此之外，2022 年恰逢母校七十周年校庆，我作为一名校庆活动志愿者积极参与校庆活动的筹备。最终，筹办的节目和活动以饱满的精神面貌展现在大家面前，并且现场气氛非常好。那个时刻我觉得，我能够参与学校的重大活动，并做出一点贡献，这是一段宝贵的经历。

最后，在 11 月末疫情期间，我积极参加到相关岗位的工作，可以说，这是在学校这个小社会的基层锻炼的机会。我第一次真正感受到了基层工作的辛苦不易。同学们的各种问题、各种需求得到了妥善的解决；疫情期间各种事务层出不穷，每一件事情都要做好，每一个同学的合理需求都应该得到满足。一层楼 100 多人的日常生活事务一下子压在了我和两个室友的身上。我觉得这是对一个人能力的考验。在大家需要我的时候，我应该在前线奋战。

在这期间最让我印象深刻的，是在食堂帮忙的经历。食堂的师傅们，每天要烹饪，打包并装箱成千上万份盒饭。作为前去支援的志愿者，这其中的辛劳我能够明白。我们从下午三点开始足足忙到晚上七点，中间没有停歇。我和师傅们拉着推车装满了一车又一车盒饭，看着他们忙碌的身影，我觉得每一位基层工作者都是可敬的，他们都工作在我们看不见的地方，默默守护着我们日常生活的方方面面。

这一年的学生工作和志愿工作，我想先用一句话来概括我的收获，那就是"捧着一颗心来，不带一棵草去"。关键时刻，要敢于做那个发光的人，敢于在关键时刻出手。但是反观大学前几年，我其实一直不够自信，曾经在很多个类似的时刻，我脑海里的第一想法都是"我的能力足够吗？""还是等一等，不去了吧，反正会有人出手的"……而现在，我能够敢于做那个出手相助的人，我觉得这是我的一大进步。

同时，我觉得在工作当中主动的反思也很重要。很多工作都是在一步一步地迭代优化中不断推进的，我想这也正是马克思所说的用批判的眼光看待一切事物吧。做完自己的工作以后，及时总结和反思：工作当中在哪里碰到了钉子，为什么会碰钉子，哪里做得可以更加尽善尽美，哪里可以优化步骤，减少不必要的麻烦，等等。不能稍有成绩就沉浸在自我感动当中，那是故步自封。应该走出来，批判地看待自己工作的过程，主动反思，取得进步。

我想用一句话来说说我对这些经历的看法：在完美的彼岸刚刚上演了一场悲剧，所有的血与泪在枯萎的荆棘孕育出一个花蕾，它将经历轮回的七场雷雨，然后绽放在潮湿的空气中。没有这些经历，我不会对这些道理有深刻的体会和感悟。我想在将来，在科研学习之余我还会去做一些相关工作，丰富我的阅历和见闻。

三、全面发展，此时不搏待何时

除了学习和工作以外，其他方面也不能忽视。

今年我有坚持每周长跑，我的 keep 跑步总里程达到了 1396.36 千米，锻炼身体的习惯要一直坚持下去。俯卧撑从 15 个慢慢做到 30 个，引体向上慢慢从 3 个做到 10 个，跑步配速慢慢从 6 分 10 秒左右进步到 5 分 20 秒。体育锻炼卓有成效。最重要的是，我加入了学校的马拉松协会。在这里，我遇到了一群一起奔跑、一起成长的小伙伴。

除了坚持锻炼以外，我还广泛地发展自己的兴趣爱好，选修了很多"硬核"选修课。在北航的所有外语公选课程中，除了日语和韩语课程以外（这两门课十分火爆，很难选到），我选修了所有的外语课程，包括俄语和法语。我选修了外国语学院开设的俄语二外课程以及俄语科技翻译课程，在大三下和大四上两个学期，我还选修了中法工程师学院开设的大学法语课程。

2022 年我还阅读了几本著作：弗洛伊德的《精神分析引论》、菲利普的《心理学与生活》、苏霍姆林斯基的《给教师的一百条建议》、李秀林的《辩证唯物主义和历史唯物主义原理》以及《毛泽东选集》第二卷。在读书的过程中，我总结出了看书的一点方法：先看目录，把握这本书的逻辑框架和思维过程；如果有注解，尤其是外国著作的翻译人写的注解，也可以先阅读一下，把握这本书的相关内容。接下来阅读文本的时候，先看标题，想几个相关的问题：为什么他要写这一章？这一章在全书内容中处于何种位置？……在阅读的过程中寻找问题的答案。阅读完一章的内容以后，在脑海中对这一章内容进行复现，这样才能精读这些书籍。接下来我准备继续阅读其他书籍。

最后，总结一下这一段经历。按照广为流传的T形学习理论来说，这些方面并不算是我的主业内容，所以应该追求的是相关知识的广度而不是深度。打个比方，这就是在一束花当中选出最中意的几朵。人有不为也，而后可以有为也。学习专业课知识很重要，但是我觉得也不能忽视了自己在其他方面的发展。利之中取大，害之中取小。在琳琅满目的"橱窗"里，想明白自己真正想要的是什么，才能选到最适合自己的东西。

四、关于2022—2023年的计划

1. 提前学习研究生的相关知识。
2. 把本科毕业设计认真做好。
3. 继续做好大班委、朋辈辅导师等相关工作，及时反思总结工作中的问题，全心全意服务同学。
4. 坚持锻炼身体，最好将来能去参加一次马拉松比赛。
5. 进一步提升外语水平，尤其是英语写作能力和阅读能力以及日常使用的俄语和法语。
6. 坚持阅读课外书籍，尤其是进一步提高将书上的知识和实践经验融合起来的能力。
7. 本科毕业的假期去新疆、海南、东北这些地方走一走，看一看。

五、结语

这一年有很多感悟和收获：有保研成功，证明自己的畅快；有评奖失意的沮丧；有参加志愿者工作给我带来的自豪；有在学生工作中我体会到的及时反思的重要性；有读书时对作者深厚思想的由衷钦佩；更有遇到马拉松协会的小伙伴们时的惊喜。

每次回家，飞机飞过群山降落在机场时，我都会想：贵州的群山，对我们这些走出贵州省的人来说是牵挂；对生活在这里的人来说却是制约发展的桎梏。它没有给我的大学生活带来多么高的起点，但是它教会了我永不言弃的信念。

如今已经是本科阶段的最后一段时光，即将到来的是崭新的一段旅程和

不一样的评价体系。我会逐渐放下本科阶段的一些想法和观念，慢慢完成由本科生向优秀研究生的转变。

峥嵘岁月，梦写青春；上一页是斑斓的岁月，下一页是无悔的青春。

评语

赵飞同学是我辅导员生涯中带的第一批学生，也是让我印象十分深刻的一个。他睿智多思，遇到问题总想弄清为什么。他矢志拼搏，坚定地在实现社会价值的过程中绽放自我价值。他来自贵州六盘水，绵绵大山没有阻断他冲出来的冲劲儿，学有所成也没有割裂他和家乡的羁绊。他坚信生活中的困厄是成长的必修课，流过泪的眼睛更能够洞悉远方。他没有把2022年的总结当作阶段性的胜利而歇息，2023年以及2023年以后的很多年我相信他都会一刻不停地前进着，一如那个奔跑在马拉松赛场上的少年。

——北京航空航天大学航空科学与工程学院辅导员　曲正奇

岁月深长，万物有期

杨巧娅　北京理工大学宇航学院

2022年1月13日17时，我顺利地完成了我大三上学期最后一门课的考试。顾不上休息，第二天早上，我照常打开校内的乐学延河课堂平台进行学习，"同学们好，今天我们接着来学习理论力学第四章……"没错，另一场战斗又开始了——考研。

一、回首2022年

我是一名考研人。我的2022年，是在日日夜夜的枯燥题海中反复磨炼的一年，点点滴滴都是积累。也许和其他人的年度总结比起来，我这一年的生活十分单调，没有丰富多彩的课外生活，也没有紧张刺激的科研竞赛。但在我看来，2022年是我人生中最珍贵的一年，是我拼尽全力，为一个可能没有结果的目标不顾一切拼搏的一年。当我再次细细品味这段旷日持久的战斗时光，我仍会感慨万千，为自己感动不已。总结下来，我的2022年关键词是：早起，晚归，补课，迷茫，坚持。

1. 早起

大一、大二的时候，早上8点上课可谓是我的噩梦。但大三下学期正式进入考研备考后，我已经可以勇敢坚决地迈出以往的舒适圈了。为了保证一整天的学习效率，我约着研友早上六点钟晨跑，从天黑跑到天亮，加上热身拉伸，正好2千米。早起晨跑，一是为了保障每天的运动量，二是为了使大脑清醒，三是养成早起吃早餐的好习惯。我在安静的食堂吃着早饭，享受着清晨第一抹阳光，会感受到一种难以言喻的心理慰藉，更加从容地去规划一天的生活。

这一年，我的作息更加规律了。

2. 晚归

大三下学期还有晚课，下课后已经是晚上九点钟了，距离宿舍关门禁还有 3 小时。为了充分利用这段时间，我通常会选择去教学楼继续复习。为了能抢到插头旁边的自习座位，我通常是一下课就立马背起书包冲出教室，到一楼马路旁找一辆共享单车，趁着人少不堵车的时候，奔向下一个地点。安安静静的学习环境，通常是一学就忘记了时间，我经常和晚上值班的物业阿姨一同离开教学区域。

踏月而归，晚风似乎拂去了一天的倦意。在熄灭了路灯的无人的校园小道上，可以戴上耳机听歌，调整心情。走在路上，打开手机，看着自己制定的计划表，一项又一项任务后面打起了红勾，心里顿时成就感满满。日复一日，我翻看手机备忘录，里面全是密密麻麻的每日记录，像是在这条充满泥泞的道路上留下的足迹。

这一年，我的时间管理意识更强了。

3. 补课

相比于身边考研的同学，我还有另一个很重要的任务：补课。我原先是一名化学专业的学生，大二下学期转专业来到宇航学院。因此，我在完成本专业的课业任务时，还需要补上本专业大一一整学年和大二上学期的课程。为了不耽误课内时间和考研复习时间，在整个 2022 学年，我充分利用寒假、周末等课外时间，厘清需补习课程的名称，把自己的空闲时间排满课表，通过校内老师、同学、网上学习资源等帮助，提交自学申请表、调课申请表等，并顺利通过了 11 门课程的考试。

尤其是 3—6 月份，课程非常密集，每天出门都把一整天所上课程的所有书全部背着，背包被塞得满满当当。上午和本年级同学上课，下午和大二年级同学补课，晚上和大一年级同学补课。每天都在忙碌中开始，忙碌中结束。时间的规划精确到分，精打细算上课路程所耗时间，午饭时间严格控制在 15 分钟之内，下课后立马前往下一个上课地点……如今回想，时常涌上心头的无助感、无力感，不过皆是浮云。

这一年，我的抗压能力变强了。

4. 迷茫

我向来有些完美主义，因此我不容许自己犯过多的错误。进入暑假阶段，我开始进行考研刷题训练。有时我以为课听懂了，做题就可以做出来，奈何事实并非如此——我的正确率并不高。那段时间我深深陷入自我怀疑的陷阱中，很难从写不出正确答案的阴影中走出来。

好在迷茫途中有朋友们的鼓励。我开始调整自己的策略，学习朋友们的方法来改进自己，进行多学科调节式的复习。同时，保证每天的学习强度不会过大，造成"学伤了"的后果，以致影响第二天的学习。即便某天学习的反馈结果不如人意，我也会勇敢地充当起心理导师的角色，把自己当成一个小朋友，不断安慰和鼓励自己。

这一年，我的心态变得更乐观了。

5. 坚持

2022年11月，在我过完21岁生日后不久，很不幸，我的特应性皮炎发作了，我的嘴角两侧严重开裂，伴随有强烈的肌肉撕裂感和灼烧感，导致我进食很不方便；我的颈部也有大大小小斑点般的发炎，痒得我彻夜睡不着；我的胸腹部也有不同程度的破皮流脓，使我不得不一天换好几件衣服。这无疑大大影响了我的学习生活，也在一定程度上给我施加了压力。

一波未平一波又起，考研前一星期，我感染了新冠肺炎，伴有高烧和咳嗽，每天除了睡觉就是睡觉，完全打不起精神。面对如此紧凑的时间节点，我心里很是崩溃，想着自己会不会一年来功亏一篑了。甚至当天考完英语，心态已经崩了，晚上已经不能平静下来复习第二天的内容了。看着我桌上厚厚的资料、笔记、错题等，内心十分纠结。还是因为一句话，选择静下心来再看看书。这句话是：看不清未来时，就比别人坚持更久一点。

经过这次的磨炼，我的意志力更坚定了。

总之，我的2022年很平淡，但平平淡淡才是真。它因奋斗变得五彩斑斓，让我回味无穷。这一年，我追逐的不是别人，而恰恰是自己满怀期待的内心。

二、展望2023年

日子好长，充满希望，只有自己亲手规划和设计，才能一步一步接近自己理想的生活，活成自己想要的模样。

2023年，我做了两手准备，现将计划分别阐述如下文。

1. 考研成功

1.1 长期目标

学习方面，经历了考研，我深知读研的机会多么来之不易，我会十分珍惜。我将积极配合自己的导师，争取在大四下学期提前进入实验室，培养自己的科研素养，锻炼自己的科研能力。并且每星期定期学习本科期间较为薄弱的专业课，为今后的学习打下过硬的基础，为下半年正式进入研究生学习生涯做足准备。

课外活动方面，我计划在未来的日子里学习泰语和法语，主要是为了自己的兴趣爱好（我喜欢看纪录片）。最后，还计划在假期的时候能够参加支教类的社会实践活动，因为我十分享受给别人传递知识的快乐。

1.2 短期目标

学习方面，近期先写毕业设计的开题报告，每星期找导师交流并修改，及时解决问题。在等待成绩的同时，复习复试的专业课：飞行力学和空气动力学，准备做简历，计划在 3 月初完成第一轮的复习。每天坚持英语、法语、泰语的学习，练习口语，不断追求进步。

课外活动方面，尝试一些益脑训练，保持大脑活跃。

2. 考研失败

2.1 长期目标

学习方面，还是要以第二次考研的复习为主。如果还未成功，尝试换一条出路，比如调剂，投简历尝试寻找工作。注意每天心态的调整，多欣赏自己，不要总是看到别人发光就觉得自己暗淡，要积极、乐观面对每一天。

课外活动方面，希望将来在每次有强烈厌学情绪时，及时放松。注意锻炼身体。尝试公益活动，散播大爱。多去旅游，感受不同的人文风情。

2.2 短期目标

学习方面，调整自己的心态，认真总结自己本次考试落榜的原因，分析不足之处，在这一次重新开始考研的备考过程中，再接再厉。

课外方面，侧重学习英语，练习口语表达能力。考技能类证书，比如计算机二级证书。

三、结语

玩耍的快乐是短暂的，但是学习、提升自己带来的快乐是长期的。现期的我，还处于比较被动的阶段，但我相信一切皆有可能。在接下来的日子里，我希望自己不要因为没有掌声而轻言放弃。

2023年，我将重新开始，更加珍惜每一分每一秒，不惧未来，做好迎接新的挑战的准备！

评语

杨巧娅同学在本科期间全面发展，在学习上勤奋执着，多次获校级奖学金；在体育上也同样出色，曾代表我校参加北京市各类体育比赛；在日常生活中有着浓烈的社会责任感和公益精神。这篇总结计划非常让人感动。在追求梦想的路上，希望学弟、学妹们能像她一样保持热情和决心，不断追求卓越，实现人生理想。

——北京理工大学宇航学院辅导员 李文博

凛冬已去，暖春将来

胡祖铭　北京航空航天大学航空科学与工程学院

对于过去的2022年，我唯一的感受就是"快"。自己的生活仿佛在一遍遍单调的循环中就跨过了一年，紧凑的学期加上繁重的课业让整个学期时间过得更是快之又快。让人惋惜的是，由于疫情的原因，春、秋两个学期都有些"烂尾"，先上了大半个学期的线下课，在校经历近半个月的网课之后，包括我在内的大部分学生都提前一个多月返回家中，与待了不到三个月的学校道了声"再见"。

即便如此，在经历了种种困难之后，2022年已经成为过去，对于即将到来的2023年，我充满期待，期待自己能在这一年里遇见一个令人满意的自己。

一、学习、生活

（一）过去一年的糟糕成绩

过去一年的成绩足以用"糟糕"来形容。

客观来说，我的成绩在班上属于中游水平，如果以睁一只眼闭一只眼的态度去考察，自然也能蒙混过关，但是没办法接受自己"平庸"的心理对此表示非常不满。我也深知自己所在的班级是一个非常优秀的集体，争先并不是一件非常容易的事，但是又有谁不想脱颖而出呢？在大一我也曾思考过这个问题，当时刚刚进入大学，若成绩不满意尚可用"不适应"当作完美的理由进行推脱，但是如今我只能从自己身上寻找原因。

（二）学习状态的自我分析

我认为自己的成绩糟糕，是因为自己总是觉得分数与平时在这一门课程上付出的努力不相称。拿春季学期的高等代数为例，这门课应该是进入大学以来，我学得最认真、所花时间最多的一门课，然而自己的成绩并不理想。如今总结原因发现，自己课堂效率很低，平时上课听讲不算认真，虽然在课后花了很多时间掌握了知识，但是效果远不如上课时认真听老师讲授的好。

此外，我似乎有一些"信息焦虑"，总担心错过重要的信息，在课后自习时总会不时拿起手机"检查"是否有新的消息。虽然单纯"检查"的行为不会占用太多时间，但是每当我打开手机，手机经常会弹出许多我感兴趣的内容，让我不自觉地点开并在手机上不停地操作。当我意犹未尽地放下手机时，才发现流逝的时间已经远远超出了我的预期，学习的思绪也被完全打断，效率大大降低。学期后半段居家学习更是如此，不光自习时，就连上课时，由于没有教室里的学习氛围作为约束，我的手会情不自禁地伸向手机……

如此下来，课上与课后我的学习效率都大幅下降，最后一个多月的居家线上学习对我对课程的掌握有着不可忽视的影响，我薄弱的自控力是我今后需要极其重视的目标。

（三）理想中的自我救赎

首先，为了提高上课时的学习效率，我必须做好课前预习工作。特别是难度较大的课程，需要了解课程的重点，并在课堂上认真听讲，如果仍有不懂的地方应及时在下课之后询问老师请求解答。只有认真对待课程内容的学习、知识的掌握，成绩才有可能提高。

其次，为保证上课时头脑清醒，每天晚上以及中午的睡眠质量必须保证，自己需要改掉晚上睡前在床上看手机的坏习惯。将睡前的"手机时间"逐渐缩短，并争取做到不看。

最后，自己要有明确的目标。海上行船不能没有灯塔的指引，在学校学习也不能没有正确的方向。我的专业是工程力学，这门学科是为航空航天服务的，而且蕴含着十分厚重的意义——为自己、为社会、为国家。尽管如今的我的成绩与成就还远远没有达到后两者的程度，但是仅仅是为自己，也必须得认真对待，只有以此为目标才能以后为社会、为国家做出大的贡献。

二、日常生活

（一）校园生活

在学校里，除去教室上课以及比较有规律的自习这些学习时间，其余时间基本上都可以由自己掌控。在这些时间里，由于疫情封校的影响，校外活动占比稍少，校内也基本上就是运动与游戏娱乐。

尽管很少出校，但是在疫情管控还不是那么严的日子里，如果有空，我总是和朋友们抓紧机会在北京到处转转。北京作为中国的政治、文化中心，城市的内容非常丰富。在刚刚过去的这个学期，我的排课非常配合，周五只有一节早八，这一天往往就是我的出行日。而且，在工作日出行，我可以避开北京周末的人潮。在周五，我曾和室友一起漫步天坛公园、泛舟北海赏白塔，心中充满欣喜与惬意。我很高兴，也很幸运能来北京上学，这座既古老又年轻的城市充满了神秘感，它还有许多内容值得我去发掘。

（二）假期生活

由于疫情原因，我拥有长长的暑假和寒假。在这加起来将近四个月的假期里我坚持阅读，啃下了高考结束那个暑假没有看完的几本小说，甚至找出了高中时没有看完的长篇小说，有时坐在床上看书时，会给自己一种仍在高中的错觉。对于我而言阅读是一件非常重要的事，假若我几天没有静下心来读书，我就感觉自己似乎变得木讷，说话缺少章法、有时失去逻辑。

漫长的假期里，社交是必不可少的元素，我喜欢拉上同学外出游玩。值得一提的是，这个冬天，我和几个好友进行了一场说走就走的旅行。经过几天短暂的准备与策划，我们便直接乘坐高铁和巴士来到了神农架。在这里我体验了人生中第一次滑雪，看了人生中第一次日出。当从雪场的雪坡往下冲时、当朝阳从山的那边逐渐升起时，我欣喜万分，和几位好友一起，这是多么美妙的体验！

三、竞赛与科研

（一）竞赛

这一年过得太快，平时繁重的课业压力好像有些屏蔽了外界的信号，竞赛我也只参加了寥寥几项，而获得的满意的奖项更是少之又少。上一个寒假，也是在写年度总结的前后参加的"美赛"，三个大一学生凭着一股冲劲与拼劲成功地拿到了"Honorable Mention"；下半年的全国数学竞赛可能是因为长时间没接触数学导致一些基础不扎实部分的知识忘干净的缘故，只拿到了一个三等奖，令人不甚满意。

在今年的竞赛中，虽然没有报名"美赛"，但是今年的国赛我还是充满信心，希望能拿到一个令人满意的成绩；这学期即将到来的周培源力学竞赛也是检验自己力学掌握程度的契机，我会抓住这次机会证明自己，相信自己对专业的掌握程度是可以让自己满意的。

（二）"陌生"的科研

对于一个工程力学大二的本科生来说，"科研"这两字似乎还有些遥远，但是这两字又太耳熟能详。对我而言,"科研"二字神秘又高尚,我知道学校里有许多科研大牛在各自领域卓有建树,科研是他们的工作与生活。我也知道科研难度极高,需要求索的人们付出无数努力与汗水,每一项科研成果都是科研工作者们辛苦工作的结晶,每一项科研成果都来之不易。

上学期我参加了学校为二、三年级学生开设的"科研课堂"课程,在刘沛清教授的悉心指导下,我们小组的成员对科研有了较为明确的认知,也对自己研究的内容有了相对详细的了解。更重要的是,我们都对空气动力学产生了浓烈的兴趣,而且我也有了自己的专属导师赵子龙教授。虽然由于疫情原因我还没有与他单独见面交谈过,但是导师的热情让我对未来的科研充满信心。在即将到来的这个学期,我期望能在他的课题组中学习到更多的专业知识,为自己未来的科研道路积累经验。

四、对未来一年的期望

对未来的期望总是美好的,如何去实现是困难的。

明白这一点后,我也将通过自己的努力去一一实现这些目标。总之,现在的我已经知道未来需要做些什么,剩下的就是去实现它们。

在未来的一年里,我希望自己能够提高课堂上的学习效率,课后同步复习,适应老师的节奏,拿到令自己足够满意的成绩;健康方面,坚持锻炼身体,每周匀出固定的时间去操场跑步或是约上伙伴去球场打球,而不是只寄希望于每周两节的体育课;尽量少熬夜;最后,也是最重要的,保持一个良好的心态,遇事顺利不心骄,遇事不顺不气馁,相信自己,保持信心,心怀勇气,一往无前!

最后的最后,我想对自己说:保持热爱,勇敢前行!

> **评语**
>
> 胡祖铭热爱生活,善于观察生活中的各种细节,对自己的表现和未来有着清晰的认识,这种积极的心态能够帮助他在未来的学业与科研中事半功倍。在这篇年度总结中,也体现出了他对生活的热情态度,是值得同学们学习的榜样。
>
> ——北京航空航天大学航空科学与工程学院教授 赵子龙

风景见证足迹，时间回答成长

苏嘉华　大连理工大学运载工程与力学学部

一、写在前面

年终岁尾之时，总有许多想说的话，每当提起笔却又不如想象中那般文思泉涌、妙笔生花。那就暂且让文笔跟随着我的内心，写写我这一年里的经历和心路历程。

2022年有许多往事值得怀念，在每个难眠的夜晚，它们都像电影一般在我的眼前回放：是高三的挣扎与奋斗，高考前校园夜空上绽放的烟火；是聚散离合，那个盛夏里的不舍与告别……也或许是收到录取通知书时的喜出望外，是初入大学的新鲜感、学生工作的成就感、面临抉择的迷茫感……

我相信并坚信，所有的经历，都会成为我成长的一部分。与其功利计较，不如得之坦然，失之淡然，顺其自然，让风景见证足迹，让时间回答成长。

二、2022年——愿有岁月可回首

如今回忆起大一上半学期的生活，我认为最恰当的词是"充实"——每天很累，但我收获了快乐。

（一）学习方面

大连理工大学是以严谨扎实的学风而闻名，而我在日常学习中深刻感受到了这一点。我能真切感受到任课老师对教学和学生的热爱：他们不仅将书本上的定义、定理解释得清晰明白，更注重学生思维的培养。课上，他们传道授业解惑；课下，他们走到我们学生中间，和我们一起研讨，并用自己学生时代的经历鼓励我们，激发我们的学习兴趣。

大一上学期的课程以通识类、公共基础课为主，虽然并未与我的专业直接联系，但我明白万事万物发展遵循循序渐进、螺旋上升的原理。因此，我十分重视基础课程的学习，不仅在两门数学课上积极思考互动，而且对于许多人认为内容乏味的课程，我也能坐在前排，认真听讲。

过往的学习经历告诉我，我不是一个聪明的孩子。对于全新的课程和知识体系，尤其是在数学方面，我接收掌握知识的速度总会慢一些。没有天赋异禀，那我便力求勤能补拙。从开学以来，我就是图书馆、宿舍楼、自习室的常客。没课时，我迎着晨光，在图书馆开门的那一刻抵达；座位上，我能做到与外界隔离——关掉手机或者社交软件，专注于当下的学习任务。时间在不知不觉中流逝，忽然听见闭馆音乐《孤勇者》响起，站起身活动一下疲惫的身躯，在夜色中匆匆离去，感受晚上有些刺骨的风。

对我来说，学习是一段从不回头的孤旅，或许行进的速率较慢，可我早已习惯了早出晚归的生活，始终相信坚持和时间的力量。慢慢来，走得远，道阻且长，行则将至。辅导员鼓励我说，机会是留给努力坚持的人，那就奋不顾身的努力，剩下的交给时间。

（二）社会工作

相对于学习来说，社会工作是我最自豪的地方。

在开学之初，我便主动报名参加了线上工作临时负责人的面试，有幸被辅导员选中。线上工作期间，我配合老师们开展新生工作和班级活动，返校统计、迎新准备、组织新生诗朗诵，各类事务处理得井井有条；线下开学后，担任班级班长职务，传达学部、学院的各类通知指示，进行各类信息收集，关心同学们的学习、生活；组织同学们参加献礼祖国、心理剧、新生运动会等活动；积极地与其他班委协调沟通，为班级的建设出谋划策，保证班级核心力量高效运转；组织班级团建，创建了良好的班级氛围，获得了同学们的认可。

在做好班级日常工作总负责之外，我还在学部团委实践中心志愿服务部门任职，为学部志愿工作的开展贡献力量。对于志愿服务的开展和日常管理，我从陌生到熟悉；对于各类志愿活动，我一马当先，争取早日完成从参与者到组织者的身份转变。

如今再回首，我很自豪在大学生活初期就做出了最正确的决定——参与学生工作。和各位同学、辅导员老师、授课老师、学部领导的接触及交流在最大程度上锻炼了我的沟通表达能力。梳理班级日常事务培养了我细致耐心、一丝不苟的工作作风。组织策划班会、班级活动提升了我的工作技能。很幸运，能够从那个不自信又怯懦的小男生成长为如今乐观开朗、阳光向上的我；从开班会紧张万分的新手班长蜕变为自信而有风度的班级组织核心。我更开心的是收获他人的认可，同学们对于活动的参与支持，老师们对我们班的认可和期待都会成为我不断向上的动力。

（三）活动参与

对于各类学校学部活动，我都是一个积极的参与者。

文体活动方面，我参加了新生诗朗诵比赛等，参与拍摄的心理剧获学部第一名，组织班级参加新生体育赛事获第一名；社会实践方面，我参与学部自主实践和社区实践，计划和学长们一起开展寒假实践活动；志愿服务方面，作为运载志愿服务部的成员和大连市慈善总会义工，我参与迎新准备、核酸检测、活动场务、校园清洁等 21 次活动，累计服务时长 62.5 小时，在同期大一新生中位列第一名；科创方面，我参与学部"凌感杯"纸牌称重比赛，报名参加大创项目，代表运载学部参加与香港城市大学举办的"力研"科研交流讲座。

作为一名共青团员，我积极向党组织靠拢，开学初期便递交了入党申请书，自觉通过学习强国等平台学习有关知识，参与理论学习班、校团委"启航"、运载"青云团校"两级团校，撰写党的二十大学习心得体会，正向一名品学兼优的优秀党员而努力。

三、2023 年——追云赶月莫停留

当时光的列车缓缓跨越 12 点的界限，当窗外的鞭炮声在一瞬间奏鸣，我忽然发现，新的一年已然到来，新的征程已经开启。对于接下来的安排和规划，我也有了自己初步的想法。

（一）长期目标

1. 专业方面，船舶专业一直以来便是我心中的首选，是我向往的专业。在大一下学期转专业潮流涌动之时，我依旧会坚守本心。下学期会涉及第一门专业课——船舶与海洋工程概论，我会认真学习这门课程，更深入了解我们专业的现状与发展前景，与船舶工程学院更多老师取得联系和交流。

2. 关于学习成绩，上学期 84 分的高等数学成绩、68 分的体育成绩我不是很满意，在下学期的课程中，争取能让成绩再上一层楼。我希望自己的学

习能够继续保持稳中向好的态势。同时，英语学习和科研竞赛都能找到门路，有所突破。

3. 关于学生工作，我尽全力做好班长的工作，以更加饱满的热情投入学生工作，将心比心，竭诚为学生服务。下学期会经历团学部门负责人的换届，我希望可以为我自己争取一下留任的机会，争取在大三年级做到某个部门的负责人。

4. 增强自己的科研能力，争取在本科期间参与力学、数模比赛，省级大创、互联网＋、挑战杯等大型比赛。

5. 在忙碌学习之余，抽出时间陪陪家人。

（二）短期计划

1. 在学习上投入更多的时间，提高在自习室和图书馆学习的时间占比，每天列好任务清单。下学期没有英语课，利用空闲时间备考六级。

2. 下学期将开展更有特色和针对性的班级活动，如在成绩全部公布之后针对不同同学的情况进行帮助，组织集体性学习活动等。

3. 每年写在规划里又从没实现过的是锻炼身体、减肥这些活动，平时会在体育课之外做一些活动，如和室友一起踢球。

4. 减少手机游戏、社交软件使用时间，提高效率，把时间花在正事上。

5. 下学期可能会有更多出校的机会，可以多去体验外面的世界，参与实践活动，对大连有更深入的了解。

6. 学会一项技能——PPT 制作，向有经验的学长、学姐请教学习。

四、一些想说的话

一直觉得自己是个很幸运的人，因此对拥有的一切心怀感激。感谢一路走来志同道合的好友，感谢给予我关怀和鼓励的老师，感谢那个不曾放弃的自己，感谢生命里所有的遇见。

风景见证足迹，时间回答成长。成文落笔之时，我忽然觉得曾经的付出、熬过的夜晚，是有意义的努力，它们承载着成长的重量，在潜移默化中将我这块璞玉抛光打磨。有岁月可回首，有未来可祈盼，在漫长冬夜的独醒后，必然是那不可战胜的夏天。

再见昨天，再见 2022 年，让泪光散尽，当风光看尽，希望梦想依旧远大。

　　明天你好，展望 2023 年，是磨难与享受，是从前到往后，也是当下的年华。

> **评语**
>
> 　　苏嘉华同学在过去的一年里始终努力学习，团结同学，热心志愿服务工作，全面发展。学习成绩优异，担任运船 2202 班班长一职，勤劳肯干，这篇总结体现了他在大一学年积累的宝贵经验和心得体会，希望嘉华可以再接再厉，弥补自身不足之处，成为更好的自己。
>
> 　　——大连理工大学运载工程与力学学部辅导员　林靖淳

改变自己，成就他人，引领变革

徐君仪　电子科技大学航空航天学院

2022年的第一项挑战，校立人班选拔，我失败了；2022年的最后一项挑战，学院的科研育人"翱翔计划"，我会成功吗？

2022年，人生中第一次献血，人生中第一次参与国奖答辩，人生中第一次站上三尺讲台，人生中第一次被称作学长……2022年有太多的第一次，也许也有很多最后一次，有太多的如愿和兴奋，也有很多的不甘和沮丧。

一、2022年年度总结

2022年是我在电子科技大学完整度过的第一年，我第一次感受这里的春夏。也作为学院新工科建设的见证者和受益者，越来越爱上了航空航天学院。

2022年的开始，我参加了电子科技大学"栋梁工程"立人班的选拔，其班训"改变自己，成就他人，引领变革"成为我一年乃至可能一生的座右铭。

（一）改变自己

2022年，我改变了很多，也坚持了很多，也更能在这其中发现自己的问题。

1. 什么是大学

随着参加新生项目以及专业课的介入，我越来越认识到什么叫作术业有专攻。不同学院、不同专业的同学擅长不同的领域，大家的思维也会产生很大的不同。这对18年以来被要求门门科目精通的我产生了不小的打击，我意识到自己不能做一个完人。我一方面嫉妒他们拥有自己掌握不到的知识，另一方面痛苦自己领域的知识掌握不熟练，不完备。

这就是大学，一个人闷声发不了大财，只能走很多弯路。比起一人门门精通，学会和拥有不同特长的人精诚合作才是更好的选择，甚至是不可避免的选择。

我决定改变。一方面我尝试了解更多的知识来扩展自己的知识面；另一方面我完善自己的专业知识，争取在自己的领域精益求精。同时，我在项目和竞赛中联系不同学院不同专业的同学，在锻炼自己合作能力的同时，向他们取经。我还参与了"启梦留学计划"，通过参与新加坡国立大学的课程来扩展自己的知识面。

2. 什么是成绩

我不认为及格万岁，我不赞成临时抱佛脚，我不同意"大学，大不了自学"。我认为每门科目都应该认真学习，给予老师和自己充分的尊重，在我眼里没有所谓的"水课"。选修、必修，都是提升。

虽然成绩或许不是检验学习成果的最好办法，但却是很有效的办法。

我选择坚持。每一门课我都积极记笔记，紧跟老师思维，最终取得所有课程满绩的成绩，30 门课程中 28 门课程 90 分以上，其中 7 门课程 95 分以上，排名稳居全院第一。四级成绩优秀，六级一次通过。

但是随着专业课难度和数量的上升，我也渐渐发现了自己学习方法的不足。每门课都认真记笔记，导致课后学习压力过大，占据较多的时间，无法平衡课余活动的时间。

3. 什么是学习

每每提及学校的新工科建设，我总是充满骄傲地分享"成电方案"。

上一秒还看起来枯燥难懂的课本知识，下一秒就在项目类课程中得到检验。代码和硬件结构的配合、材料的选择、黏合剂的选择等，这些都无法通过书本上的知识来了解。书本知识应用于项目促进对书本知识的理解，项目的深入又需要更多理论知识的学习，这种全新的学习模式深深吸引了我。

我选择改变。不再两耳不闻窗外事，一心只读圣贤书。我通过面试选拔加入了学校的新生项目，选择我们学院的课题"空地协同目标捕获"。作为小组长，带领不同学院的组员实现了中期答辩和结题答辩的优秀，并最终参与学校的新生项目展出。

新生项目的外展让我大开眼界，没有想到大一的新生就可以做出如此精彩和有趣的成果，论文、专利应接不暇。这也让我看到了我在新生项目以及项目类课程中的不足——没有成果转化。当然没有成果转化只是表面不足，归根结底还是因为平时下的功夫不够多，没有对自己的作品精益求精，也不能很好地调动组员们的积极性，导致大家并没有集思广益做到更好。

但有了这次宝贵的经历，也让我顺利地入选了学院的科研育人"翱翔计划"。

（二）成就他人

成就他人在我看来不是不思进取的一让再让，而是最无私的奉献精神。

1. 志愿服务

在寒假母校行宣讲活动和暑假招生活动中，我用自己的亲身经历为学弟、学妹讲解学校优势，讲解的同时也增加了我对电子科大的热爱，对空天院的热爱。

在迎新志愿活动中，我帮助学弟、学妹们搬行李，传递自己开学时感受到的善意。也是在那个时候，我第一次被叫作"学长"。看着大一新生脸上的稚嫩、眼神中的迷茫和兴奋都让我想起当时的自己。明年的这个时候，他们就会成为我们。

在防疫志愿者活动中，我提醒同学们戴好口罩，尽自己力所能及的一份力。

无私奉献的志愿者活动却让自己在不知不觉间受益良多，成就他人更是在成就自己。但我也发现了自己的不足——参与的志愿服务形式不够多样化，也没有腾出时间去参与更多样的志愿活动。

2. 支教活动

暑期，我如愿地作为领队参加了支教活动。

多亏有了多次小组合作的经验，我们16名"老师"作为临时班主任，为180余名小学生上课。将自己在大学学到的专业知识变成最简单的语言分享给他们。

这也是我第一次把在大学学习到的知识用在了大学之外的地方，进一步检验和加深了我对知识的理解程度。

（三）引领变革

很遗憾，我可能还不能在这里书写什么。引领变革可能是我终生的目标。但我还是想留下一些痕迹。

1. 文体部

去年还在懊悔自己没有加入学生会的我，今年已然成为学院文体部的部长。我和副部长原创性地组织了一系列活动，也在继承原有活动的基础上进行了大胆的创新。校园寻宝、线上中秋晚会、新生破冰、拔河比赛等，我们组织的活动广受好评。

我们有一个共同的目标，通过一系列具有空天特色的活动，让所有人都了解空天院。

当然，这是一个遥远的目标，需要长时间的努力，因为疫情我们也有很多活动改期。希望可以通过反复总结活动问题，完善奖励制度等方法，实现我们的目标。

2. 心理委员

作为2021级空天2班的心理委员，我在心理班会的基础上开设了电影赏析等活动，也通过修读一系列有关心理的选修课提升自己。

虽然在班委考核中获评优秀，但是我仍然对我的工作不够满意。

许许多多的活动都停留在了口头阶段，执行力不够强。不能及时地发现同学们的心理变化，同学们也不愿意主动向我倾诉苦恼。希望可以多去寝室，多和同学们交流感情，做好"小太阳"这个角色。

二、2023年学年计划

2022年转眼过去，我有了一个很可爱的女朋友，我拿下了国家奖学金，取得了很多好成绩，还以工作人员的身份参加了成电杰出学生答辩会。可我并没有对自己越来越有信心，自控力好像越来越差，时间安排越来越杂乱，11点半就上床睡觉变成凌晨1点半，好像一切都开始恶性循环。

但我绝不是一个自甘堕落的人，我也绝不是一个不知道自己目标的人。"改变自己、成就他人、引领变革"这12个字将一直指引着我。

（一）寒假生活

我参加了大学生市场调查与分析大赛和大创项目。寒假期间与小组其他同学一起，做一些比赛的前期准备工作。同时，作为小组长持续推进"翱翔计划"的工作。

所有科目的期末考试也因为疫情推迟至开学再考，寒假期间我也会复习各个科目的功课，做好备考工作。

（二）开学后的努力

1. 日程安排

早起是一定要坚持的。随着课程的安排逐渐紧张和难度加大，早起不仅可以提高我的精神面貌，也可以增加我一天投入学习的时长。

每天也要坚持锻炼，学会放松和娱乐自己。每天要保证有一定的时间去做自己喜欢的事情，像是睡前看看书，看看美剧，保证自己充分的调整。

2. **课余生活**

适当调整学习方法，笔记记录可以着重于重点和难点，从补充笔记中腾出一部分时间来完成自己的竞赛等工作。

做好自己的学生工作，文体部部长、学资会成员、心理委员，对每一个身份认真负责。

三、一些感谢

感谢遇见了立人班带给我这样的班训，感谢遇见了循循善诱的老师在项目上给予的莫大帮助，感谢羽毛球，感谢女朋友让我的大学再添色彩。

> **评语**
>
> 徐君仪同学在 2021—2022 学年的学习生活中取得了耀眼的成果，不仅学业成绩排名年级第一，学生工作也丰富多彩，先后斩获优秀学生奖学金、国家奖学金。这篇总结阐述了徐君仪同学在这一年里从一名懵懂新生到成熟自信空天人的转变，值得各位同学借鉴。
>
> ——电子科技大学航空航天学院辅导员　邓宇

悟已往之得失，慕鸿鹄以高翔

姚俊　复旦大学航空航天系

2017年，高一的我第一次在学长赠送的明信片上注意到复旦大学。我清晰地记得那张明信片上的照片是夕阳下灿然生辉的光华楼，旁边还写着我至今耳熟能详的句子——博学而笃志，切问而近思。或许是因为年少生活在乡村一隅，我始终都希冀去更广阔的天际伸展羽翼。于是，为了实现考上复旦的梦想，高中三年我铆足了劲学习，以至于后来接到复旦招生办老师的电话时，内心竟意外的平静，我知道这是出于对自己努力的自信。

收到录取通知书那天，我一路马不停蹄地赶3个小时车去城里取通知书。我凝望着通知书上专业类别"航空航天"四个大字，薄薄的录取通知书在那一刻竟也重如泰山，因为航天人在我心中始终都是神圣而光荣的。我将录取通知书小心收纳，内心逐渐平静，望向碧蓝如洗的天穹，我知道，我将告别过往种种，全新的生活即将拉开序幕。

我怀揣着满腔热血与憧憬，在光华楼下、相辉堂前度过了充实而跌宕的两年时光。

一、忆往昔峥嵘岁月

此时此刻，若让我评价自己在复旦的头两年表现如何，我想自己千言万语只能汇成一句"无愧于心"。"玉不琢，不成器。"在过去两年里，我有过失败与痛楚，也有过欣喜与进步。感谢两年前的我，在种种磨炼下依旧坚守初心，逐渐成长为中流砥柱。

1. 学习、生活

初入复旦时，眼前一切对我而言都是新鲜事物。新的课程，新的老师，自由安排的课表，以及课外铺天盖地的琐事，都曾让我应接不暇。

大学生活伊始，我就险些因为在学习数学分析时绞尽脑汁也百思不得其解而自暴自弃。但所幸我的辅导员是一位善解人意的好学姐，在与她的交流中，我逐渐明白了大学的学习模式更多的是需要学生自主学习。当我谈及自己感觉身边人都很聪明而我很多都不会的心理落差时，她亲切地鼓励我说大学是新的起跑线，过往所有荣耀与成绩都不重要，只有勤奋刻苦的精神是值得继承并继续发扬的。她的一番话也如明灯，照亮了我原本如履薄冰的漆黑前路。

在第一学期，尽管我在后半学期拼尽全力，成绩也还是不尽如人意。但我并未气馁，在寒假时，我痛定思痛，冷静分析原因，总结新的学习计划。正是因为重视计划，在第二学期难度更高的课程学习中我才能临危不乱，镇定自若地吸收并理解课程内容，成绩也得到了巨大提升。

走出大一的"新手村"，在专业分流时我果断选择了"飞行器设计与工程"专业，我希望能通过学习专业知识，成长为一个合格的复旦航天人。在第二年的学习生活中，我继承了制定系统计划的学习方法，同时我也养成了更多的好习惯。

首先，我培养了自己肯钻研肯琢磨的好习惯。在大一的学习中，当我碰到课本上的难题时，我往往是思考一下觉得自己一筹莫展后便掏出参考答案，而后思维便束缚在参考答案中，再未去思考其他的解题方法。但在大二学习专业课知识时，或许是由于大一的基础铺垫，我学起来竟得心应手，对知识的理解也比大一时更透彻。成功解出难题时的成就感，也让我倍感骄傲。我想，这才是学习真正的乐趣所在。

其次，我培养了自己敢于质疑，积极发问的好习惯。以往我总是将课本和老师讲授的知识奉为圭臬，很少去质疑其中的问题，导致自己总是带着疑惑结束一门课。但在大二学习专业课时，我大胆向老师提出自己对课本上一些知识点的质疑，对课本上的解题方法进行创新，不仅对知识有了更深刻的理解，还从中收获了全新的领悟。老师们也乐于同我交流，有时即便面对我穷追不舍的提问也能面带微笑地为我答疑解惑，在此我也向他们致以诚挚的感谢。

最后，我练就了耐得住寂寞，独立思考的好习惯。以往我总是觉得独自学习很无聊，遇到难题思考无解就去问同学，导致学习效率低下。如今我逐渐习惯了独自学习，开始学会享受孤独，这也给了我更多的个人自由空间，让我可以无拘无束地做自己喜欢的事。

通过不断坚持以上良好习惯，我的成绩也稳步提升，如今在本专业名列前茅，这也让我有了充分信心，坚信未来我还能再创辉煌。

2. 课余生活

入学之初当选为班级团支书后，我多次开展主题团日活动，向同学们宣讲党的思想方针，在班级中营造了良好氛围，收获了同学们的一致好评。此外，我也在第二学期担任了班级的学习小组组长，带领组员们共同学习进步，互相交流学习方法，并在学期末取得了显著进步。同时，我也在成年之际提交了入党申请书，并在辅导员的委任下担任了党章学习小组组长，协助她开展入党学生的思想政治教育工作，多次主持小组学习交流会。最后，我也担任了复旦大学航空航天系学生会实践部部长一职，在职期间认真对接校团委方面的工作。通过以上辛勤付出，我收获了"优秀学生"和"优秀团员"等荣誉称号。

在这一过程中，我也发现了自己在工作中存在的问题。

其一是对于党的思想方针的宣传，我有时只做到了理论宣讲，缺乏实践体悟。为了让同学们更好地理解党的思想，我将在后续的工作中添加实践感悟环节，多设计一些诸如宿舍园区志愿服务的实践项目，让同学们在收获知识的同时也做到为人民服务，成长为利国利民的复旦人。

其二是在跟上级沟通工作时，我有时由于事务繁忙，没能及时处理上级布置的工作，导致工作效率不高，我将在后续工作中努力改正，做到今日事今日毕。

3. 过往感悟

时光倏忽而逝，每每回望过往，总有一种"悟已往之不谏，知来者之可追"的感觉。我始终在不断的自我修正中前行，得益于良好的自我反省意识，我总能在犯错之后快速改正，"实迷途其未远，觉今是而昨非"。这一路上我成长了许多，对未来的混沌与未知也不再彷徨惧怕。我的身边也多了一些并肩同行的身影，我们焦虑、烦恼、思考，而后豁然开朗。过往的成绩当由过去的我评价，未来的成绩当由现在的我创造。一切过往，皆为序章。

二、望前程鸿鹄高翔

仅剩一年半，我的大学生活也将告一段落。在接下来的时光中，我也有许多目标有待实现。

1. 长远规划

关于理想就业，航空航天始终是我心目中最希望从事的行业。它不仅是我实现人生梦想的大舞台，更是祖国国防事业的关键基石。目前我已经参与了航空航天相关的科研项目，在战斗机人机混合智能化系统设计方面进行了一些浅薄的研究与学习，未来也希望从事这方面的工作，为祖国国防事业添砖加瓦。

关于本科学习，在接下来一年半内，我也将继续保持并发扬我的好习惯，在稳中求进，争取斩获国家奖学金；同时我也将改正以往出现的问题，不断提升自我，继续践行我的"自我修正主义"道路。

关于毕业去向，我将选择留在复旦航空航天系继续攻读研究生，学习更深奥广阔的知识，掌握更多专业技能，并将其运用到科研工作中，创造更多优秀成果，让自己的学习生涯能够不留遗憾。

关于学生工作，我将继续担任班级团支书与党章学习小组组长的职务，将服务同学服务班级的初心贯彻始终；而院系学生会实践部部长一职我将卸下，在卸任之前我将培养出下一任部长，确保部门工作仍能稳定运行。

2. 短期目标

（1）下学期的学期绩点达到 3.9，总绩点提升至 3.6。

（2）投入更多时间在学习上，在下一年完成望道项目的科研课题，发表 2—3 篇专利与 1—2 篇会议论文。

（3）在班级内开展生涯规划和焦虑缓解之类的主题活动，帮助同学们规划未来，改善心情，避免同学们因为焦虑未来发展而影响心情与生活。

（4）坚持每天锻炼的习惯，不断提高身体素质，每天晚上至少跑 2000 米，引体向上至少 10 个。

三、结语

日月不淹，春秋代序，季节的流转永无止境，旧时的鹤唳声已杳然无踪迹，来日的修罗场正在排演，我并无多少忧惧。该重整旗鼓，起身去喂马、洗剑，再寻些结实的布帛裁做征衣，有朝一日，要仗剑而歌，策马驰骋于我的江湖。

> **评语**
>
> 姚俊同学在校期间，能作为班级团支书发挥示范带头作用。学习上，能认真钻研，积极投身科创科研，并取得了一定成绩。工作上，团结友爱班级同学，积极组织班团活动，形成了班内良好氛围。生活上，关心同学室友，取得了周围人的一致好评。这篇总结很好地展现了姚俊同学各个方面的精神风貌，能为航空航天专业的同学们提供参考。
>
> ——复旦大学航空航天系辅导员　吴瑶

撕掉标签，直面挑战

张砚岚　华中科技大学航空航天学院

终于能有一个静下心来沉淀自己的机会，我有很多话想说，但临到头又有些茫然不知从何说起。翻开手机备忘录和相册，一点一点唤起那些关于2022年的记忆，我才恍然发觉原来自己已经走了那么远的路。而2022年我最大的收获，莫过于撕掉了自己身上那些"我不擅长"的标签，勇敢地直面困难和挑战。

一、学习总结

1. 课内知识

2022年涵盖了我的大一下学期和大二上学期。大一下学期，我的加权成绩为91.91分，位列飞设专业年级第一名。大一学年总加权为89.21分，位列年级第二名。大一下学期，我的微积分取得了99分的优异成绩，大学物理、物理实验、概率论均在90分以上。

其实我一直都对自己的数学很没有信心，因为高中三年数学一直是我的短板，大一上学期微积分只有82分，这让我非常失落。但我没有放弃，而是咬紧牙去学习。最后下学期微积分的成绩也给了我很大的鼓励，它让我撕掉了自己身上"不擅长数学"的标签，我开始愿意接触更多与数学有关的知识，积极报名参加全国大学生数学竞赛锻炼自己，对于数学这门工具的使用也越来越得心应手。

大二上学期课程难度加大。计算方法听不懂，空气动力学的全英文教材看不懂，理论力学不会做作业题。但我没有被吓退，而是选择了迎难而上。计算方法一开始听不懂，我就自己周末看着老师的PPT推导，把重点过程和难理解的部分重新在笔记本上整理推导一遍。仅仅花了一个周末，两天时间我就整理出了计算方法六个一百多页的PPT的重点内容，之后听课也能很轻松地理解了。而其余的课程我也找到了合适的学习方法。

在我看来，学习最重要的一点就是积极主动，尤其是在大学，自己主动预习，带着问题去听课的效果要远远好于被动的接收。

2. 科研竞赛

大一下学期我报名参加了"天地任我行——垂直起降飞行汽车"国家级大创项目。在项目中我负责商业计划书的撰写，我们的大创项目的会议记录也在大二上学期被 MATMA 期刊收录。我们也向 EI 期刊投稿，同时参加了"互联网＋"等大型比赛并取得了优异成绩。在大创项目中，与他人沟通交流与团结协作的能力得到增强，我也开阔了眼界，增长了见识。

大一下学期我获得了文体奖学金。大二上学期我报名参加了全国大学生数学竞赛并获得了湖北省二等奖。在大二上学期我获得了"校三好学生"荣誉称号，并获得了校三好学生奖学金和机缘奖学金。

二、课外实践

1. 带队实践

2022 年 1 月 16 日，我作为队长组织并带领队员圆满完成了优秀学子回访母校社会实践活动。

2022 年的暑假，我作为队长带领组员与南湖航空航天科技馆一道，完成了"'感悟红色印记，品味航天魅力'暑期'三下乡'社会实践活动"，并获得了院级优秀项目的荣誉。

在此次活动中，我们先带领小朋友们参观了南湖航空航天科技馆、党史馆、新就业群体服务驿站，在他们心中种下热爱蓝天、热爱宇宙的种子。同时，我们与他们一道感受党的光辉历程和艰苦岁月，明白如今的幸福生活来之不易，从而忆苦思甜，倍加珍惜。在社会实践过程中，我们还通过问卷调查、采访调研的方式，了解了武汉航空航天知识的教育普及情况以及成年人与小朋友们对航空航天知识的了解程度。

通过这次调查我意识到，作为"985"工程高校航空航天专业的大学生，除了学好专业知识，我们还应在课外多组织参与专业相关的社会实践，努力让更多人，特别是青少年加深对航空航天产业及专业的了解。也希望我们的努力可以让更多的孩子产生对航空航天专业的兴趣，并在未来投身于祖国的航空航天产业建设当中。

2. 志愿服务

就我自身感受而言，2022 年是疫情防控最艰难的一年。为了在疫情防控方面为祖国做一点力所能及的贡献，我主动担任了 3 次核酸检测志愿者的工作。

通过志愿者工作经历，我进一步认识到了医护工作者的不易。但是使我感受最深的还是团结与秩序。大家在核酸检测过程中都能自觉排队，戴好口罩，做好自身防护的同时也对他人负责。之所以能做到团结、秩序，离不开党的统一领导，离不开人民对党的信任。在党的领导下，国家才能有条不紊地运作，疫情才始终被防范在可控范围内。如今身在家中，我深深地感谢国家在疫情肆虐的三年里对每一个普通国民的庇护，使我们免于在病毒毒性最大时感染。

在担任志愿者时，我还是一名入党积极分子，通过志愿服务我更加坚定了自己的入党意志。在 2022 年 10 月我参加了发展对象培训班，学习了党的理论的相关知识。虽然很遗憾不能在 2022 年就成为预备党员，但我明白现在的我确实还需要更多的理论知识的支撑，才能达到一名预备党员的标准。也希望党继续加强对我的批评教育。

3. 文体活动

大一下学期，我报名参加了华中大主持人大赛，在"讲好院系故事"中为我院取得了"十佳优秀学院"等荣誉称号做出了贡献。在大二上学期，我也依靠学院的大力支持和自身的努力，获得了华中大主持人大赛的金奖。这次主持人大赛使我的能力得到了全方位提升，也使我更加成熟，增强了对自我的认识和了解。

三、生活总结

1. 生活状态

高二时，我养成了早起晨练的习惯。上了大学，这个习惯也一直保持。大一学年我坚持早上六点半起床，锻炼四十分钟，每晚十点半休息。大二上学期在作息管理方面我就做得不够好了，每周都会有一两天将近十二点才休息。早起晨练的频率也大幅度降低。但因为热爱运动，我还是会一周抽出至少三天去健身房进行力量训练。

2. 心理状态

如今的我们有很多的选择，上了大学更是非常自由。但是选择太多并不意味着快乐，随心所欲也不是真的自由。要想在各种诱惑中保持本心，就我自身而言，就是"欺骗大脑"。当我告诉自己"认真学习，坚持锻炼"时，我的大脑总会试图欺骗我，放大困难，列出各种诱惑来使我放弃。而有效的应对就是反过来欺骗大脑，忽略困难程度，尝试幻想完成任务之后的满足。忽略短期诱惑，肯定自己的能力，列出计划，立刻执行。在日常学习、生活中，我不断和自己的大脑斗智斗勇，掌控自己在生活中的主动权。

四、2023年年度计划

1. 大二下学期

学习方面，大二下学期都是必修课和打基础的专业选修课，需要认真对待。

大二下学期我的飞行汽车大创项目预计将会结题。我计划再参与一个大创项目或者联系导师进行一些科研方面的学习研究。

在大二下学期我将会接任院科协的负责人，也将继续担任班级团支书和心理委员，在学生工作方面也需要继续保持认真负责的工作态度。

课余时间我将深入学习数学建模，争取多参加一些建模比赛锻炼自己。如果这些做完仍有余力，我希望自己可以准备托福考试。

2. 大三上学期

大三上学期课程压力将比大二下学期更大，同时大三上学期开学不久就将有国奖和各类奖学金的评选，我也需要整理材料和制作PPT准备答辩。

大三上学期我的主要任务就是保证专业课程学扎实。我要继续加强自己在科研方面的能力，争取能够做出一些具体的成果，同时强化自身思想建设，在大三上学期争取成为一名预备党员。

3. 自我期望

在生活方面，2023年我希望自己能够保持健康的作息，大二上学期坚持一周3—5次去健身房进行力量训练和一周五次的早起半小时晨练。大三上学期如果课程压力紧张，就仅保留早晨6:40—7:15的晨练。同时饮食方面稍做节制。

在自我认知方面，2023年我希望自己能够保持清醒的头脑，面对压力和挫折时能够具备更好的应对措施。保持与家人的沟通和联系，始终在内心保留家的温暖。在与他人的沟通交流上做到诚信、真诚、友善。

  同时作为航空航天专业的大学生，在学院的培养下成长成才，我也有责任为学院、为校争光。我将积极参与学院的各项活动，为学院的建设贡献己力。

> **评语**
>
>   张砚岚同学专业成绩年级第一，作为学生科协负责人能组织好各项活动，综合能力得到全面培养。这篇总结也展现了一个大学生在思想深处的善于思考和总结、坚持不懈勇于克服困难的特点，值得师弟、师妹们学习借鉴。
>
> ——华中科技大学航空航天学院党委副书记 宋建涛

始于梦想，基于创新，成于实干

张彦鑫　四川大学空天科学与工程学院

一、2022 年个人总结

如果，时间能来到另一个时空中 2005 年的 3 月 13 日，那一天的所见与所感自己是否也会永生难忘？能使我陶醉，更让我痴狂。或者如果能让我重返少年时期，那些经历过的时光，我敢不敢浪费？那一年，我第一次站在飞机的机翼下，开启了人生的第一次思索。

2022 年的夏天，我结束了属于自己的四年高中生涯（复读了一年）。四年当中自己所经历的痛苦、失败、打击与磨难，打磨出了如今的自己，无论好坏，缺一不可。我永远相信十七年前的那次所见所闻与所感，对于我的人生选择都是正向的。十七年的时光，自己也记不清自己究竟经历过多少磨难，经历过多少次绝望，经历过多少冷眼和嘲笑，经历过多少次的后悔。在一次次经历对自己的不满，一次次地与真实的自己和解与言和。

那些曾以为自己将永远守护的时光和事物，一件又一件地被否定，忘却，伴随着冷眼和嘲笑丢在身后。学会接纳一切事物的变化，理智地思考曾经无法面对的问题和如同潮水而来的挫折与打击。我曾一遍又一遍地怀疑自己并且追问自己，是否还想坚持？学着不再用自己相信和坚持的东西去衡量现实。十七年后的今天看来，这些都应被定义为——成长。

第二次高考结束后，由于梦想的驱使，我仍然将航空航天类专业作为了我的第一选择。终于，自己的脚步在 2022 年的暑假踏上了正轨。

1. 思想

美国火箭发动机发明家，被公认为"现代火箭技术之父"的戈达德说过："很难说有什么办不到的事，因为昨天的梦想可以变成今天的希望，也可以变成明天的现实。"我无比认可曾参加过 300 多次战斗、7 次获得"华东一级英雄""爆破大王"等荣誉称号的杨根思所提出的"三个不相信"：不相信有完不成的任务、不相信有克服不了的困难、不相信有战胜不了的敌人。

作为一名想要积极入党的学生，自己的所作所为其他同学都看在眼里，所以我更要严格要求自己，不能让同学们有诸如"连入党积极分子都……"这样的说法产生。

2. 学习

高考的遗憾让我去北航当飞行员的道路彻底封闭，原本通过了飞行员体质的选拔，最终依然没能圆梦。能当一名飞行员是我儿时的梦想，在复读学习一年后，我发现自己仍然想要从事航空航天相关工作。于是，在纠结与迷茫过后，我决定追随最初的选择，我的所有志愿都填上了航空航天类。

我如愿进入四川大学空天学院航空航天类专业。我想要在这里追寻星辰大海，找到自己的目标与未来，开拓一片属于自己的天地。

大一上学期必修课程相对较少，为了保证每门课程都要有一定程度的掌握，我在整个学期都处于一种比较刻苦的状态。新生研讨课的期末考察论文，自己选择了比较了解的预警机题目。为了写好这篇论文，我学会了如何利用好图书馆的资源，以及如何利用中国知网一类的信息检索平台。因此在大一的第一学期，我为了更好地了解航空航天这个行业，阅读了大量的文献，这对于自己在未来探索未知，研究真理具有较大的意义。

对于我的学习，有几点我比较满意。

首先，我很自然地开始列计划表，并且及时将每天要完成的学习任务记录在手机之中，定时提醒。手机上的备忘录成为自己继 QQ 与微信之后点击次数第三多的软件。到了大学，没有人监督的我，居然能做出这样的转变。列计划表的习惯给了我极大的帮助：我的效率、我的认真程度得到提升；更重要的是——我的状态，我不再像以前那样茫然无措，无所事事。

其次，对于我的学习态度。坦白地讲，从前的我不是一个有很好学习态度的人。高中时，作为一名走读生，我没有集体晚自习的经历。来到四川大学之后，我开始体会到自习室、图书馆的魅力。从宿舍到自习室、图书馆，这是一个巨大且有益的转变。回顾过去很重要，一个没有回忆的人是无法对事物做出正确判断的。也许正是这段独处的时光，让我重新拾起面对过去的信心，继续撰写心里对未来的计划。

最后，我还阅读了一些课外书。其中对我影响最大的是《北平无战事》，从家族微观角度描述了国共两党明争暗斗的前方战线和地下组织之间的勾心斗角，让我的思考维度得以扩充。

3. 生活

早在进入大学前的暑假，我就已经决定参与班委竞选。我在第一学期参与了学习委员的竞选，并成功被选举为 203 班的学习委员。

这是一次转变，也是一次回归。初中时候的我性格内向，不善于和同学、老师交流。后来，我变得沉默寡言，只关心自己，不愿和其他人打交道。于是在高中时期，我被同班的同学评价为"不食人间烟火"。当高考的余温散去，我开始反思过去，这才发现我不喜欢那个曾经郁郁寡欢的自己。我应该重新找到积极上进的自己，以不同的姿态与方式奔赴属于自己的星辰大海。

除此之外，我很清楚学习委员的重要性。一个优秀的学习委员对于整个班级氛围的营造至关重要。我可以时刻督促自己不能落后，也在时刻反思着自己和同学们近期在学习上存在的困难与压力。因为我不能保证每个人都有为同学服务的觉悟和做好学习委员工作的能力，但我至少能够保证我能做到这一点。

一个好的开端是成功的一半，我找到了从前的感觉。我和舍友、同班同学、自己课程的老师都有了比较深入的交流。我对于人际交往能力有了逐步的提升。尽管很长时间我很排斥我的这种能力，但到了大学，我才醒悟，人际交往能力还是很重要的。

当然，学习委员要承担相当一部分的学生工作。我很清楚地认识到，无论如何，这种工作量总会占用我的学习时间。也许这会给从前的我造成不小的困扰。可现在我认为，在什么时候，处在什么位置，就要做相应的事情。特别是很多事情，错过了最佳时机，就没有弥补的机会了。因此，我也会体谅很多同学对于学习之外事情的回避，并尽力帮助他们分担一些。

除了学生工作，我也积极在各个领域发挥我的特长和爱好。我在周末闲暇时，会骑着自己的自行车，带着照相机，前往成都双流国际机场拍摄各个型号的飞机，其中包括伊留申、安东诺夫、空中客车、波音等系列飞机。拍摄回来的照片，一方面可以提高自己对于所学专业的热情；另一方面可以促使自己了解各种飞机的设计特点与特征，我认为这可以培养自己的设计思维。

4. 社会实践

在上学期百团大战招新中，我坚定选择加入航模队和飞行模拟协会。航模队学长的精彩讲解使我收获了很多知识，让我对于单片机的应用有了最基本的认识，拓展了我的专业视野。飞行模拟协会的活动让我通过 VR 眼镜以及社团的高端模拟机设备，真正意义上体会了飞行。作为从小立志当飞行员的自己来说，飞行模拟社团抚平了自己一年前受到创伤的内心，也让我对飞行有了更多的认识和感悟。

"哪有什么岁月静好，不过是有人替你负重前行。"过去一学期，我参加了一些志愿活动。我多次临危受命参与了学校的紧急核酸志愿者工作，在其中我多次作为志愿者负责人组织和协调工作人员与物资调度，同时也多次协助医护人员进行信息采集。在志愿服务结束之后，我第一次面对面地与他们交流，感受到了抗疫战士的辛苦与不容易，这让我更加珍惜如今来之不易的生活。

二、2023 年展望与规划

1. 思想

我应该有自己的主观意识，我必须学会独立，独立地去生活，独立地去面对身边的一切一切。人都说："大学是一个全方面升华自己的舞台。"的确，只有在这块舞台上不断地提高自己，升华自己，才不至于浪费这四年光阴。作为自己人生的设计师，就应该认认真真地为自己的大学生活绘制一张美丽的蓝图。大一是我们从高中到大学的过渡期，新的挑战就意味着新的开始。

2. 学习

打牢地基，观念上将"要我学"变为"我要学"，脚踏实地学好基础课程，特别是英语、数学和计算机。在大规划下要做小计划，坚持每天记英语单词、练习口语，并在这一年顺利通过四六级考试。在新的一学期，我要非常重视 C 语言程序设计以及电路分析这两门课，因为我的专业是飞行器控制与信息工程，我深知这个专业对于这两门课程的要求颇高。然后在这一年参加几个小型的比赛，积极了解相关比赛事宜，提早准备，在实践中提升自己的能力，学会更多的知识和技能。

3. 生活

新的学期，我希望可以保持良好的作息，坚持早睡早起。我希望可以更加健康地生活，每天保持运动的习惯。多喝水、多吃水果、多锻炼。我还希望做事不拖延，要继续保持列计划以及做思维导图的习惯，提高效率，节约时间。妥善处理好自己的感情问题，珍惜缘分，珍惜现在所拥有的一切，找到感情与学业的中和点。

结尾

C919试飞员蔡俊机长曾讲道:"如果不曾热爱一项伟大的事业,你就不会知道你有多伟大,或者不知道你有多渺小。轻易实现的算不得梦想,有梦想就要去捍卫!"

起风是为了前进,不是为了停留,只有风不断吹拂,我才能继续飞翔。直抵自己所期望的彼岸。十九岁,我还挺激动的。我可以与过去不计其数的失败和解,对未来再一次满怀期望。我不会忘记学院大楼里的一句话:始于梦想,基于创新,成于实干。

在即将到来的2023年,我将继续奔赴属于自己的星辰大海!

> **评语**
>
> 空天学院2022级的学生张彦鑫,热爱自己的专业,主动进入我们课题组和实验室,去探索科学研究和未知世界,并找到了适合自己的方法,将全部精力都用在学习和探索中。这篇总结也能体现出彦鑫的不断反思和不断进步。希望彦鑫再接再厉,保持热爱,不断精进,在本科阶段打造出最完美的自己。
>
> ——四川大学空天科学与工程学院教授 韩松臣

让自己的优秀不止一面

高世瑾　西北工业大学航空学院

2020年9月，我怀揣着航空报国的梦想，如愿考入西北工业大学，进入了梦寐以求的黄玉珊航空班。从小，我便被飞机优美的外形、极高的速度所吸引，也拥有了飞向蓝天的梦想。进入大学后，我前所未有地接近蓝天，接近梦想。

现在，2022年已经过去，2023年已然来临。这段学习时光让我收获了很多，成长了很多。2022年是充实的一年、奋斗的一年。在同学们眼中，我在宿舍的时间变少了，熬夜的次数变多了；在我自己眼中，我的精神更饱满了，效率更高了，自己也极大地成长了。

一、坚持思想引领，提高政治站位

从小，我便立志做一个能够服务他人、对社会有所贡献的人。在疫情期间，看到了无数共产党员坚守岗位抗击疫情，看到了一个又一个感人的故事，我更加坚定了这一志向。所以，一进入大学，我便向党组织递交了入党申请书。2022年，我参加了党课，收看了庆祝中国共产主义青年团成立100周年大会、党的二十大开幕会、江泽民同志追悼大会，学习了《习近平与大学生朋友们》《论党的青年工作》等。其间，我的学习感悟多次登上校、院级平台，我也有幸作为学生代表参加我校学习贯彻党的二十大精神座谈交流会，发出青春声音，表达青年观点。经过学习，我对党的思想、理论有了更加深刻的认识。终于，我完成了入党宣誓，成为一名中共预备党员。

在新的一年中，我将继续加强政治学习，坚持思想引领，汲取奋进力量，坚定理想信念，以更加高昂的斗志、更加优良的作风全身心投入学习、工作之中。我将参加青马工程，继续用党的思想、理论武装自己的头脑。同时，我也将继续践行全心全意为人民服务的宗旨，践行初心使命、恪守职责担当，在学习、生活中积极为老师同学提供帮助，在思想上、行动上真正达到入党的要求。

二、立足学生本职，夯实专业知识

这一年，我完成了多门课程的学习，取得了还算不错的成绩。步入大三，我所学的课程也更多地转为专业课。从空气动力学基础、材料力学、工程热力学、自动控制原理，到可压缩空气动力学、飞行器结构力学、飞行动力学、航空航天材料工程，每一门课程都与我所向往的蓝天紧密联系、息息相关，我也更加真切地体会到了我所学习的知识在航空领域中的应用。也正是因此，我更加迫切地希望获取更多的知识，早日成为一名合格的设计师。

不惧挑战是学习的本色。这一年的学习中主要有两大难关。一是空气动力学基础、可压缩空气动力学的"语言关"，这两门课程所使用的教材以英文为主，只有部分重点内容有中文译注。起初，我几乎每句话都有需要查词典翻译的词语，阅读速度很慢。在我熟悉常用的专业词汇后，我开始有意识地整体阅读，逐步提高速度。二是工程热力学的"知识关"，这门课是几乎全新的领域，所以我在理解基础知识、基本逻辑上花了大力气。为了学好这一门课，我刷完了课后所有的练习题，反复理解其内在的逻辑与思路，并把相似的习题归纳总结，让知识穿成线、连成网。现在，我对这一门学科已经有了较深入的了解，在知识的实际应用中也更加得心应手。

在新的一年中，我的学习方法将有所改变。自进入大学以来，一直出现在计划当中但却很少落地使用的"预习—学习—复习""作业—改错—回顾"的学习方法已不再适用。随着学习节奏加快、工作事务增多，我不应继续采取时间战术，而应缩短时间、提高效率，把握各个科目学习中的要点。具体来说，我将把预习、学习、复习合为一体，争取在课堂上将所有新知识一遍过。对于课上没有听懂的知识，要在课下尽快自学，以避免积少成多。同时，日常的复习将通过随堂作业和学习新知识时的再应用进行，尽量以最短的时间取得最好的效果。在课程安排上，我不再追求达到学分上限，而是保证每一门课程所需的时间和精力。我尽量避免了两门专业课程连续上课，以便在每一门专业课中保持十足的专注，助力新知识一遍过。

三、加强科研训练，增强创新能力

经过近一年的前期筹备，我主持的"一种太阳能智能无人机平台"大学生创新创业训练计划项目成功立项，并确定为国家级项目。这一年中，每一位组员都学习了相关的知识、软件，小组也完成了需求分期、方案设计、控制逻辑设计，达到了预期进度。

2022年7月，我前往中国航空工业集团公司第一飞机设计研究院，开展了为期近一个月的实习。在本次实习中，我们小组围绕电动垂直起降无人机这一领域，先后进行了知识与软件的学习，并设计、制作、试飞了这类无人机。

这段实习经历和在学校学习的纯理论知识还是有很多不同之处的。我此前一直认为，整架飞机都应是严丝合缝、误差极小的，在制作飞机时，我也是精益求精，力求完美。但在实习过程中，我认识到误差在所难免，部分大型飞机的误差甚至会达到数米的量级。这就要求在设计过程中充分考虑误差带来的影响，通过足够的裕度来保证飞机安全飞行。

四、全心服务同学，聚焦主责主业

这一年，我担任了西北工业大学第十七届学生会学习实践中心负责人、航空学院学生会主席团成员等职务，继续在我热爱的学生工作岗位上服务同学、发光放热。我筹备了优秀毕业生经验分享会，为即将毕业的同学传授经验；参与了新生迎接工作，帮助他们顺利开启大学生活；参与了优秀学长、学姐经验分享会，向新同学分享如何充实、愉快地度过大学生活。

这一年，我在更大的平台上得到了更多锻炼自己的机会。我先后负责拍摄了十佳学生会干部采访、毕业歌会、"青春领航·逐梦翱翔"师生宣讲团微宣讲等视频，得到了充分的锻炼。从进入剧组、接触剧组的工作流程，到有能力统筹整个剧组的工作，我一步步成长起来。我也负责了第三届"试飞院杯"模拟求职大赛、第二十三届"飞豹杯"航空知识竞赛决赛、七院联合迎新晚会的直播，接触了新的领域，学习了新的知识。

这一年中，印象最深刻的经历是我负责了第二十三届"飞豹杯"航空知识竞赛决赛的现场直播——3台相机、8台显示器、12路音频、40余条线缆，腾讯会议、哔哩哔哩双平台直播。这是我首次负责方案如此复杂的直播，也是学院首次以直播的方式举办这一活动。直播方案从无到有，布设线缆、人员协同配合等诸多难题亟待解决，我也压力极大。首次彩排那天，我便梦到直播出现问题而惊醒；活动前一晚，我到现场检查设备，梳理流程，彻夜无眠；活动中，我紧张地监视着各设备、直播间的情况，时刻准备解决突发情况。这些场景历历在目，难以忘却。经过 3 次全设备、全流程彩排，经过同学们的密切配合，活动取得了圆满成功。当结束音乐响起的那一刻，激动的泪水在我眼眶里打转。

五、投身志愿服务，贡献青春力量

在年初西安疫情暴发之际，我走上志愿服务岗位，为抗击疫情贡献自己的青春力量。其间，我累计进行了 45.5 小时的志愿服务，参加的工作包括核酸检测、送餐、领取发放物资、离校转运等。

在志愿服务活动中，有很多记忆深刻的事情，比如核酸检测志愿者名额 1 秒抢完，首次穿上防护服，成为在电视和朋友圈里见了无数次的"大白"；送餐那天赶在大家醒来之前早早起床，为我们一栋楼的食物奋斗了一整天，和同学们把 6500 余份饭菜送到大家手中；领取物资时拉着小板车在校园里走了一趟又一趟，一个晚上微信运动步数就抢占了榜首；离校转运那天凌晨 2 点就起床上岗，目送大家离开校园。让我触动最深的是在为同学们提供服务时，大家脸上的笑容和一声声"谢谢"，这种发自内心的愉悦总能留下深深的感动。

经过整整一个月的努力，我们终于战胜了本轮疫情，春节之前开心地踏上了返乡路。

六、坚持五育并举，追求全面发展

这一年，我继续坚持自己的兴趣爱好，并不断取得进步。从 2021 年起，我开始自行设计 C919 航模。现在，这架航模进入了第 7 次改版的设计阶段，除了副翼、升降舵、方向舵等基础结构，还增加了缝翼、襟翼、扰流板、可收放起落架、发动机反推等结构，并增加了 6 套灯光系统。在这一版设计中，我将通过数字化装配与运动分析进行各运动机构的验证，确保制造一次成功。按照目前的进度，这架航模也将在 2023 年完成制造与首飞。在这一年中，我也学习了杜比视界、杜比全景声的相关知识和制作流程，在 2023 年中，我也将继续记录生活，并产出高质量视频内容。同时，在新的一年，我将继续加强体育锻炼、参加体育比赛，体育成绩重回 90 分，让自己拥有更饱满的精神、更强健的体魄。

岁聿云暮，一元复始。新的一年，我将继续厚植家国情怀、涵养进取品格，立足学生本职、保持全面发展，在我所热爱的领域里继续奋斗，让自己的优秀不止一面。

评语

这一年，高世瑾兼顾思想成长、学业科研、团学工作和兴趣爱好，取得了不错的成绩，向着自己的理想迈出了一步。这篇总结计划非常好地展现了他在梦想道路上奔跑的身影。通过深入思考与全面复盘，世瑾不断成长，不断提高。也希望同学们学习借鉴，成为更优秀的大学生。

——西北工业大学航空学院党委副书记　赵超

轻舟的痕迹

游创智　重庆大学航空航天学院

人生天地之间，若白驹过隙，忽然而已。

转眼已是我上大学的第四个年头，同时也是我第三次以这样的形式总结我的年度生活。当我打开前两次总结时，那些文字在时光里留下的痕迹如同尘封记忆的入口，慨然抚案，思绪万千；后觉 2022 年的我似驾着一叶轻舟，在一座座"选择"的山岭间驶向未知却也更坚定的远方。

一、2022 年终总结

（一）初始的挫折

还记得 2022 年初时，我仍处在重大冲击后的消沉状态：两年前探寻认证的道路变作空中楼阁，家里的变故和重难课业。所谓"体大难掉头"的压力与日俱增，看似垄断未来的"山岭"一座座展现出它的锋利爪牙，而我在一遍遍的自我否定与肯定间徘徊，在一次次的伤口撕裂与愈合中沉默。这对我来说是大学前三年里最为艰难的日子，无声地呐喊着找寻方向又无措地看着未愈合的伤痕。

人也要像珍珠贝一样，养成重塑伤口的本事，转化生命的创伤，使它变成美丽的珍珠。这样的本事，是在我向许多老师、前辈求助后才略有心得的，心得虽少其效果却斐然，其核心便是"成长型思维"——接受当下，但不简单标签化。

这一年的转变也就此拉开序幕。

（二）改变的赛道

最为明显的思想转变是理想追求。

诚然，在过去的三年时间里我的重心更加倾向于工作而非学业，导致这给我贴上了"学生工作者""考公"等简单标签，声声浪潮也裹挟着我向前，未去考究这些标签的合理性，并在这些标签建造的牢笼中限制自己的行为。

但在冲击之后,"成长型思维"提供的途径给予了我更多时间去考量个人价值与理想追求的结合方式,且综合过去的经历并以成长的眼光去看待个人发展。之后,我释然了,也明确了要具备的核心能力应该包括但不限于科研能力以及表达能力、与人沟通能力、底层思维能力等综合能力。而在关键的大三期间,更应该做好知识理论的学习并拿到前往科研殿堂的入场券。

所以,在去年的计划里我给自己定下了"争取大三第二学期的所有专业课达到满绩"与"拿到保研名额"的目标。所幸自己勉强达到目标:在大三下学期11门专业课中除了1门选修课与1项课设外均为满绩,在大四上学期专业课成绩均为满绩,最终也成功获得推免资格,将前往北京理工大学攻读博士研究生学位。

(三) 经验模型库

实践经验的优化是重要体现。"成长型思维"让我格外珍视各类实践经验,更愿意提取出核心步骤甚至方法模型供自我回溯并与他人分享。

在学习推导论文公式时,秉承着"先僵化后优化"的逻辑,先去硬推内容再对照其他文献去总结相同的逻辑框架加深对"变形、客观性原理、能量动量平衡"等步骤的理解。当然,也不是放之四海而皆准。在南航参加第十三届全国大学生周培源力学竞赛团体赛时,"先僵化后优化"在较短时间的限制中就不能起效甚至起反效果,需要快速做出更优判断才能拿到最佳分数,故也需要适时而变。

在面向学弟、学妹的经验分享会中提出"既要部署'过河'任务,又要指导解决'船或桥'的问题",核心步骤分为"找寻目标,制定方法,保质实施,反馈放大"四个部分。在"制定方法"部分,我结合这三年多做对了的事分别去推究原委、总结方法模型,期许能在指导解决问题时提出具体方法论,就像《三体》中"黑暗森林法则"是由技术爆炸和猜疑链两条原理组成一样,我总结的方法模型是由三条原理组成:①自我效能感。天下难事必作于易;设定阶段目标,确定适当难度,在能力边缘不断犯错以获得精进。②取法于上得乎其中。志存高远方能登高望远,做到知信行统一。③多元思维模型。具备多类领域底层思维,做到学思用贯通。然后,我以学院学生会首次拿到"重庆大学优秀学生会"的经过为例进行了推演。

在优秀学生工作者采访中,我把学生工作的周期归纳为"继承传承,扩展生根,思考创新,再次传承"四步。从以往的经验和工作模式中进行吸纳学习，到联动生态汲取长处，再到创新优化新的活动和工作模式，最后进行汇总传承便进入了下一个生命周期。

同时我对科研与学生工作的顶层设计与底层逻辑进行理解分析：顶层设计相似，但底层逻辑大相径庭。科研重视的是"思辨"并"再创造"，而学工注重"理解"并"重权威"。如郑泉水院士曾提到的，培养科研人才时，我们强调的应该是去权威化，尽可能在此方面少受习惯影响，在"创新"上着重发力，这难但关键。

在这样的总结汇总过程中，时刻以实践为标尺，错了就修正，偏了就调整，对了就加强，慢慢地整个模型库就开始丰满，理解也会更加深刻。博观而约取，厚积而薄发。保持谦卑和开放的心态，像个孩子一样无碍，敢于接受任何观念，即使那是一个与我完全相悖的观念。

（四）信仰的力量

2022年是我生命中极为重要的一年，在6月份我正式转为中国共产党党员，并以"做社会主义事业的忠诚建设者和优秀接班人"为坚定目标。这其实是我从学生青年研究中心的辉辉学长那里学到的。"忠诚"与"优秀"这两个形容词最开始在我眼里有种不内敛的违和感，"这也未免太不'中庸'了吧"。辉辉学长借用了军科书记的话："现在部分青年身上温文尔雅、患得患失的书生气多了些，义无反顾、敢战敢胜的英雄气少了些。"我开始反思，我是书生气多一些还是英雄气多一些？敢不敢战又敢不敢胜？对于前进道路上须面对的各种不同的声音该不该去辩去争？对于"忠诚""优秀"这类红专的形容词又该为何态度？紧接着辉辉学长又道："作为党员，本就应该在平常时候看得出来，在关键时刻站得出来，在危急关头豁得出来。"

怎么表现出来？

答案呼之欲出了——

不正是树立高标准，敢于斗争吗？当"忠诚"和"优秀"出现时，它们便不仅是一种修饰，还提示着共产党人的责任与最高标准。这也将会是我在未来路上的践行要求。

在10月份时学校组织了一场重大学子与长攻善守英雄团连队、中科院宁波材料所的三方学习交流会，我有幸参与其中并汇报了自己的学习体会。在与两方交流的过程中我更加深刻地体会到了军人与科学家们强烈的家国情怀，也坚定了我"不仅要立志成为行业骨干，还要成为青年先锋"的决心。我在

12月初疫情即将放开之际，选择暂不返乡（尽管我在本地）。由于当时校团委人手紧缺，许多天"送（学生返乡到火车）站工作"负责人空缺，我使着从军人们身上学到的那股劲儿，抱着"只要我没中招我就顶着"的心态继续投入到工作中。值得一提的是，9月份开学时新生的接站工作也是和学院的老师以及同学们一起进行的，这学期倒是做到了"有接有送"。

二、2023年计划

在春节还未结束时，我便踏上去往湖南大学的旅程。在家难以进入科研状态，但来到这边后空无一人产生的孤寂更具挑战，尤其是与前一天走亲戚时的热闹场景相对比，寂寥感更甚。好在适应期过得很快，在这里静下心后再看文献、推公式的效率愈渐提升，也真正感受到从对新领域"无知"带来的迷茫到"窥探一二"带来的求知欲满足感，以及厚厚一叠公式推导纸带来的沉甸甸的幸福感。

新的一年，我需要静心沉淀。踏平坎坷成大道，斗罢艰险又出发，迎接未来6年甚至更长时间的挑战，也期待着路途上更加美丽的风景！

写到此处作罢，蓦然回望，轻舟已过万重山。

> **评语**
>
> 游创智同学是一名德智体美劳全面发展的优秀学生。他勤于思考，善于反思与提炼，这篇总结也展现出了他对于新时代青年如何提升自己的创新思维能力，通过学习实践，坚定理想信念，"扣好人生第一粒扣子"的特点，值得师弟、师妹们学习借鉴。
>
> ——重庆大学航空航天学院党委副书记　程乐

奋发有为，继往开来

高琬婷　北京航空航天大学航空科学与工程学院

一、2022年年度总结——思想行动永争潮头

在这一年的时间里，我始终按照党员的标准严格要求自己，加强理论知识学习，积极投身学生工作，在思想入党上更进一步。

在思想上，我努力同党中央保持高度一致，关注党的重大决策部署，认真学习党的理论知识，提高自身政治素质。

中国特色社会主义进入新时代，我们也正向着全面建成社会主义现代化强国、实现第二个百年奋斗目标，以中国式现代化全面推进中华民族伟大复兴而勇毅前行。生逢其时，重任在肩，作为工科学生，我们应该在所擅长的领域深入研究、争取有所突破，并时刻把握时代脉搏，把握国家的发展方向，钻研高精尖的卡脖子领域，在思想上跟进、在行动上不放松，勇担时代使命，肩负大国重任。

在学习上，我努力学习专业知识，争做先锋模范。

我深知，作为航空飞行器设计相关专业的学生，只有学好专业知识，才能练就过硬本领，为建成社会主义现代化强国打下扎实基础；只有做好学生本职工作，才能起到先锋模范作用，更好地引领身边同学不断进步。

在一年的时间里，我夯实课内基础，取得较好成绩，获得学习优秀奖学金二等奖，在大班内的排名有一定程度的提高；在课外竞赛中，我积极参与、巩固所学知识。除了加强自身学习本领，我还努力为低年级同学解答学业问题。身为2020级士嘉书院新生梦拓，我向梦拓小班内的同学分享学习资料，营造良好的学习氛围；进行专业介绍，传递航空精神。在科研方面，我参加了第三十二届冯如杯科技竞赛，获得主赛道三等奖，正在学习数学建模，并准备在大三剩余的时间里更近距离地接触科研，为以后的科研学习打好基础。

作为一名航模队的成员，我完成了"小金星"木质训练机的制作，并且利用暑假和秋季学期的课余时间完成了2022年中国飞行器设计创新大赛的备

赛与比赛工作。作为复材组的成员，我承担的主要任务是"创新载重飞行"项目飞机前缘翼盒的制作以及所有比赛类型飞机的梁的制作。复材工艺作为一项比较先进的技术，每一步都需要高标准严要求，每一步都需要做到精益求精，才能保证使用复合材料减重的同时达到更加良好的承力效果。在备战国赛的时候，我也充分体会到了团队合作的必要性与重要性，只有各个制作组之间通力合作，才能顺利地推进进度，保证整架飞机的高质量、高性能。

由于疫情等原因，今年的国赛延迟后转移到了线上，通过提交视频进行比拼。我们在北京禁飞结束后第一时间进行外场的训练试飞，多次的外场训练让我们对于比赛飞机的性能有了一定的掌握。虽然比赛的结果不尽如人意，但我在航模队这一年的经历首先让我可以将理论与实践相结合，把学习到的知识通过制作航模的形式运用出来，对于飞机有了更好的了解。同时，航模领域的开拓也让我提升了动手能力，培养了团队合作的能力，增长了知识与技能，可以说是一门理论结合实践的优质学习方式。

在学生工作上，我一直担任着200513小班的团支书，带领支部获得了2021—2022学年度校级优秀团支部的称号。班级内入党积极分子占比高，向党组织靠拢的热情较为高涨。在日常的团日活动中，我也向支部成员讲述党团知识，时刻跟进最新思想进展，并带领支部成员积极学习时事新闻，紧跟时代潮流。我也通过团支书的工作获得了2021—2022学年度校级优秀学生干部的荣誉称号，这也让我更加奋进，为下阶段团支部的发展制定更为详细的计划，带领支部成员共同成长进步。

志愿服务与社会实践方面，我光荣地参加了2022年北京冬奥会延庆赛区的志愿服务工作，作为住宿志愿者在酒店为外宾提供翻译等服务，并协助酒店保障组整理信息。冬奥志愿者的经历让我感受到：虽然我仅仅是一名小小的志愿者，但同样也是在冬奥整个闭环顺利运行中的一个小小的桥梁与纽带。我们身着蓝色的志愿者服装，代表的就是中国青年人的风貌，我们的一举一动也时刻体现着中国青年对于外宾的态度与姿态。冬奥志愿服务更让我感受到了疫情防控这三年之中医护人员的辛苦付出。他们起早贪黑、忙前忙后，还要进行流调、信息梳理汇报的工作，手机需要24小时保持开机，工作更是随叫随到，也正是他们的辛苦付出换来了我们今天的抗疫成果。

在北京冬奥会中充分积累志愿服务经验后，我又成功担任了2022全国青少年高校科学营北京航空航天大学分营的志愿者，带领高中生们聆听大师讲座，亲手制作航模、无人机等，参观实验室与校园，进一步地了解科学。我也逐渐爱上了志愿服务，当我通过自己的努力、自己的爱心让他人有所收获时，我都感受到了无比的开心与温暖。我也尽力带动身边人一起加入志愿服务的队伍，共同营造一个互帮互助的、团结友爱的良好环境。两年的校级优秀志愿者称号也是对我的认可，我也会在志愿服务的道路上越走越远。

在一年的时间里，我的学习更加刻苦精进，理论与实践相结合的能力有所进步，为共产主义理想而奋斗的决心更加坚定，离成为一名合格的党员更进一步。但我仍有很多需要改进的地方，党的理论知识的学习还不够全面、深入，学习和工作的能力还需进一步提高。今后我将努力改正缺点，更深入地思考学习和工作的方法，继续增强为人民服务的本领。

二、2023年个人计划——奋发向上

新的一年，新的面貌，新的目标，新的成长。

在学习上，这一年的课程量将进一步减少，而计入加权平均分的核心专业课便更少了，自由支配的时间会变多一些。在学习到科研的衔接期间，积极主动是非常有必要的。无论是学习还是科研，如何不拖延地完成一些不紧急但在长远视角看重要的事情都是非常关键的，这也是认识并提高自己的能力的很重要的一部分。我计划的是在这一年争取多参加一些创新类的竞赛，多培养自己的能力。

在生活中，随着乙类乙管的政策实施，我也终于能够感受到疫情前的大学生活是什么样子的了，我也计划多参与一些艺术活动，多看几场演出，多去几次博物馆，培养艺术情操。

2023年，期待新一年能够继续奋发向上，积极进取，不断成长。

评语

高琬婷同学较为全面地总结了年度学习生活，作为一名学生党员她思想上进，并能够将所学付诸实践，在冬奥会志愿服务、全国青少年高校科学营等活动中展现青年风采；学业上稳扎稳打，在课业、科创等方面都有新的突破。希望同学们向她学习，养成自省与规划的好习惯，不断提高综合素质和能力。

——北京航空航天大学航空科学与工程学院辅导员　李仕达

人生万事须自为,跬步江山即寥廓

李欣妍　电子科技大学航空航天学院

对我而言,2022年是非常特殊难忘的一年。

从上半年的紧张备考,到暑期夏令营的充实忙碌,再到预推免的放手一搏,这是真正春华秋实的一年。我将永远感谢一路以来帮助过我的师长同窗们,也感谢一直以来从未放弃努力的自己。

故事结局很美丽,过程曲折而已。

一、学业竞赛科研

作为新时代的大学生党员,我们肩负着民族振兴的重任。光有一腔为祖国、为人民服务的热情是远远不够的,我们应当积极学习科学文化知识,从而更好地发挥先锋模范作用。

(一)学习方面

学习方面,我在这一年度提高自我要求,奋发进取,百折不挠。"山重水复疑无路,柳暗花明又一村。"从大二学年的专业第7名上升到大三学年的专业第1名,我取得了令人满意的进步。在经历了夏令营、预推免的学习和选拔之后,我成功保研至清华大学航天航空学院。同时,我有幸获得了校级优秀毕业生、小米奖学金、优秀学生一等奖学金等各种荣誉称号。

实际上,过去三年并不是一帆风顺的坦途。我经历了一个从落后到领先的过程。大二上学期,成绩有所下滑。但是经过生活状态、学习方法和学习心态三个方面的调整,我的成绩一路回升,最终在大三获得了专业第一的好成绩。

现在回过头看,我无比感激那一段低谷期的时光,无数的迷茫、试错,都是为了今日成为更好的自己。

(二)竞赛方面

竞赛方面,从大一以来,我坚持参加数学建模竞赛,多次获得校级模拟赛奖项。2021年，我参与全国大学生数学建模竞赛，获省级二等奖。2022年2月底，我参与美国大学生数学建模竞赛，获H奖。另外，我还在2022年5月开始参加"挑战杯"大学生创业计划竞赛，获得了四川省金奖的好成绩。

于我而言，竞赛的意义不仅是几张奖状。从学术上来说，我锻炼了分析问题、建立求解模型和写作的能力，培养了科学严谨的学术态度和锲而不舍的科研精神。从个人成长上来说，这是我一路坚持不懈，在挫折中学习成长的见证。正是通过这些磨炼，我获得了很大的自信，我相信自己在未来的科研中一定能更加专注、耐心、吃苦耐劳。竞赛不是一个人的战斗，和队友们一起研讨奋斗的日子，也是我大学阶段最难忘的时光之一。

（三）科研方面

大四下学期正是利用前三年所学的基础知识，深入学习专业理论的时期。所以在这个学期中，我更加努力学习。除了复习之前的专业课程外，我开始逐步接触科研项目，培养科研习惯，提升科研能力，着手完成毕业设计。在学习过程中，我注意及时与师兄、师姐和其他同学进行交流，主动学习，相互促进，共同进步。

二、学生组织工作

在这一年，我的主要学生工作是担任19级空天2班的组织委员，日常负责配合班长和团支书做好班级组织管理事务。如参与了综合测评加分研讨会、家庭经济困难认定小组、标兵奖学金评点小组等日常工作；与其他同学合作完成了2022年"优秀班集体"答辩准备过程中的各项任务，并在最后作为三位答辩手之一顺利汇报。在一年一度的班委考察时，获评等级较上一年进步一等。

我还参加了学校的勤工俭学项目，在主楼教务处担任助管一职。在工作中，我注重学习，在实践中不断提高自己的工作能力。在部门老师的指导帮助下，我基本完成了交办的各项任务。尽管我做的工作很平凡、琐碎，但是只要把每一件事做好、做实，做出特色，就能实现自己的价值。

除此之外，我更充分认识自身存在的缺点和不足，将在今后的工作中不断改进，不断提高。

三、日常校园生活

这一年，生活也仿佛一场盛大的四季交响曲。

春天，我逛遍学校的边边角角，处处隐藏着惊喜和欢愉。每天上学路上的紫玉兰树静悄悄地开了又败；东湖里游动着千万尾的小蝌蚪，仿佛在邀请着大家夏夜一定要来听它们歌唱；穿过那一片繁茂美丽的垂丝海棠林子，湿地公园里鸟儿在树上起起落落地鸣叫，周围氤氲着花朵草木的清香；一路向西来到西湖，看天鹅和鸭子缓缓悠悠地在湖面上划开Ｖ字形，水波荡漾。

夏天，烈日炎炎，蝉鸣高亢。我穿梭在寝室、图书馆、教学楼之间，进行着一场浩大而无声的战斗与博弈。细碎的痛苦在每一次反复修改材料，每一次忐忑查询结果的时候都来得尤为真切。我努力试着安静下来，打败烦躁和焦虑，去保护自己的自信、热情和定力。这是我在成都度过的最长的夏天，这是一个让人又爱又恨的季节。可说到底，我还是非常喜欢这个夏天，喜欢那种全力以赴的感觉，喜欢在宿舍窗口每天陪伴我的那只珠颈斑鸠，喜欢常驻宿舍楼下晒太阳的那只小白猫。夏天仿佛有着说不完的故事，和做不完的梦。

到了秋冬，一切尘埃落定。时间流逝得飞快，一个个时间节点赶着日子往前走。我却比两年前的自己多了许多沉稳和笃定。忙碌之余，我开始规律运动，瑜伽、跳操、骑行。享受运动带来的纯粹、年轻、自由的快乐，也成功实现了春天定下的小目标：完成成都绕城绿道骑行 100 千米。

四、上一年年度感悟

大学是从青少年向成人转变的最黄金的四年，是成年生活初期最自由的一个时间段，它是为迎接成年生活特别设计的喘息时间。站在这样一个时间节点上，很难不让人回想起三年前的自己。比起大一的懵懂青涩，大二的焦虑迷茫，大三、大四的我多了一些勇敢和笃定。在这一年里，我逐渐接纳自己，不再内耗；也逐渐找到了学习的方法，取得了较为满意的成绩。课余时间我参加了学校的种植课、瑜伽课和素描课，培养了新的爱好，也结交了新的朋友们。

在这一年，我常常在想，今后之路该何去何从？我又想成为一个怎样的人？

思索时，我能够明显感觉到我的二十一岁充满了活力，甚至就像王小波在《黄金时代》中所说的"生猛得像一头牛，觉得什么也锤不了自己"。偶尔我心里也会感到疲惫，但想到未来，我心底里就涌上了一股力量。

我愿成为我想成为的样子，不会颓唐，不刻意迎合大众的期待，不会被刻板印象所束缚。我希望我所做的所有事情都不因模仿某个优秀的"模板"而做，而是为了我心底的渴望而做。我希望自己永不将就。

人是独立的个体。不由他人的评价决定，不由所处群体的共性决定，也不由他人的颂歌决定。人只由他自己决定。

这就是我的成长。

五、下一年度计划

"雄关漫道真如铁，而今迈步从头越。"我无比期待 2023 年的到来，也给自己设立了一些计划和期待。

第一，完成毕业设计，达到良好及以上标准，拿到毕业证书与学士学位证。

第二，尽快培养起良好的科研习惯，掌握优秀的科研方法，为下半年的研究生生涯打好基础。

第三，自学"理论力学"等有关课程，做好本科专业和研究生专业的衔接。

第四，继续保持定期运动的习惯。

第五，走出校园，游览成都乃至四川更多的地方，了解这里的故事。

第六，保持开放、包容、积极、向上的心态，平稳度过研究生的第一个学期。

2022 年，党的二十大报告指出，加快建设教育强国、科技强国、人才强国，坚持为党育人、为国育才。身为空天学子，我将以在实践中练就过硬本领、锤炼品德修为为目标，向着未来不懈努力，争取为中华民族伟大复兴的事业贡献出自己的一份力量。

六、写在结尾的话

"人生万事须自为，跬步江山即寥廓。"

最后，我想祝愿未来的自己，也祝愿看到此处的每一位读者，未来能够更加敏锐、更加强壮、更加生机勃勃、更加英勇无畏，直到足以孤身面对这庞大的世界，成长为我们理想中的自己。

> **评语**
>
> 李欣妍同学专业成绩优异，在各个方面全面均衡发展，最终以优异成绩前往清华大学航天航空学院深造。本篇总结计划体现了她个人对于本科生活的感悟与空天专业的认识，字里行间都体现了一个新时代航院学子的视野和努力，值得大家学习借鉴。
>
> ——电子科技大学航空航天学院辅导员　王世豪

少年辛苦终身事，莫向光阴惰寸功

曾俊杰　华中科技大学航空航天学院

《劝学》有云，不登高山，不知天之高也；不临深溪，不知地之厚也。

转眼间，2022年的学习生活已然结束。在这一年中既有进步和收获，同时也定会有缺点和不足。对于自己而言，要想成为一名能够担当民族复兴大任的时代新人，要想实现自己的远大目标和理想，要想看到天之高地之厚，要想发现自己的真实行动和理想规划之间的差距，要想做到知明而行无过，那就一定要参省乎己。

路漫漫其修远兮，吾将上下而求索

在一整年的专业知识学习之中，我积极进取，韧性十足，为了实现自己的理想目标、为了不断超越自我而不懈努力。与此同时，我也遇到了许多挑战：如何在高密度的课程体系下平衡学习和学生工作、志愿服务活动的时间分配；如何养成高效集中的学习方法；如何理解更抽象、更深奥的专业知识……尤其是在之前的一段时间，由于我没有掌控好学习节奏而导致成绩波动，因此在今年我十分重视这个问题。本年度我将优先安排学习任务，按照专业内容学习的规划合理用剩余时间进行学生工作以及思想政治理论的学习。

整体而言，这一学年我过得非常充实，且在这两个学期都取得了90分以上的优异成绩。但同时也发现了自己的许多不足之处，比如会想把一些事情往后放，卡在时间节点之前去完成，但有时又会突然有很多其他的任务，导致一些事情完成的没有很理想；还有很难长时间保持高度集中的注意力，连续保持这种状态几天后就会产生怠惰……这些都是宝贵的经验，为我指明了今后的奋斗方向。前路虽遥远，但我定将不遗余力地去追求探索。

让青春在全面建设社会主义现代化国家的火热实践中绽放绚丽之花

通过这一年对思政课的学习、党课的学习，我对于党的认识更加深刻了，对于马克思主义了解得更加通透了。很荣幸在今年我成为一名中共预备党员，能够在主题党日的学习中和大家一同进行思想上的提升；能够在组织生活会上听取他人的意见不断提升自己；能够有更多的机会学习、分享党的二十大的精神；能够为新一批入党积极分子分享我的社会实践经历，作为学生代表在武汉市共青团的媒体平台上发出自己的声音。

与此同时，我也在不断学习理论知识，研读《习近平谈治国理政（第四卷）》《周恩来传》《资本论》等书籍；参加"五四"演讲活动，向身边更多的人传递红色思想、红色精神；成为华中科技大学青年马克思主义者培养工程的一员，进一步丰富自己的理论知识，提高自己的实践能力；立志成为一名有理想、敢担当、能吃苦、肯奋斗的新时代好青年。

用大力有余，入细心愈研

作为省级大创项目"天地协同分布式自主控制机器人"的负责人，在2022年3月份，我们从协同控制方面进行了针对四旋翼无人机的滑模控制理论的学习，通过查阅参考文献、老师进行滑模控制内容指导的方式对四旋翼的控制理论有了一定基础，之后学习了MATLAB与Simulink的使用并依此实现了控制滑模的仿真。从6月开始，我们团队将工作重心放在本项目的核心问题上——实现特定情况下的四旋翼无人机的最优控制问题，通过对相关论文参考吸收，正在创新性地推进一种新型的控制方法，现在正在进行最后的检查和仿真，希望能够尽早完成这一研究。我将继续秉承对科学研究的热爱，继续将项目推进下去。

纸上得来终觉浅，觉知此事要躬行

在社会实践方面，继去年前往云南进行民族团结主题的社会实践后，今年我又一次作为队长带队前往云南省临沧市开展了以"航空航天点亮梦想，教育助力乡村振兴"为主题的社会实践，走访探寻了当地的乡村振兴现状，并在蚂蚁堆村小学举办了航空航天知识科普和航模实践活动，为蚂蚁堆村小学完成小孩子们的梦想引领贡献出了自己的一份力量。看到孩子们充满希望的眼神和满心收获的笑容，我顿时体会到了这次实践的非凡意义。就算是策划过程再困难，路途再遥远，实践过程再辛苦，一切也都值得，并且我还希望能够再去到其他的地方、在其他的领域也能以我的努力，为当地人民做出一些贡献。哪怕这样的贡献再小，在乎它的人不多，只要它有意义，那就一定会有我的身影。

在志愿服务工作方面，从 2021 年、2022 年两年的学院迎新志愿者、研究生复试志愿者，到暑期森林云支教活动志愿者、建校 70 周年名校男子篮球邀请赛志愿者、华中科技大学 70 周年校庆志愿者……我仍然在尝试去参与更多不同领域的活动。首先是因为我希望能够拓宽自己的视野，从中学到举办不同活动的经验并在其中找到一些共性，这些经验对于我在平时的一些志愿服务活动的组织和策划之中是很有帮助的；而最最重要的，支撑我一直不断参与到其中的原因，那就是我对于社会实践和志愿服务活动的热爱。虽然这两年来我在各种活动中扮演的角色或大或小，但每次的收获都是很丰富的，且每次回想都觉得很快乐，很有意义。

青春须早为，岂能长少年

在今年的学生工作中，我很荣幸能够作为航空航天学院团委委员、社会实践与志愿服务部部长积极投身到学生工作中。在任职期间，我积极主动地参与到大家的社会实践与志愿服务活动当中，积极转达消息、认真对待社会实践与志愿服务组织工作，通过召开宣讲会和答辩会来帮助同学们更好地了解并完成社会实践，希望他们能够明白自己为什么要去实践，能够总结清楚自己的实践所得，同时看到其他团队的亮点。这些内容或许对于他们目前大学生活的帮助不明显，但我希望在将来，会在某个时刻，能够为他们提供意义非凡的帮助。及时转发、发布每一条志愿者招募令，认真组织了今年的研究生志愿者活动、迎新志愿者活动，使其能够很好地展开，希望给新生留下学院好的印象。同时我也在努力提升自己的业务能力，不断听取周围同学对我的建议以及他们在社会实践与志愿服务活动方面的想法和诉求。

我还参加了华中科技大学第一届青梧英才志愿服务项目大赛培训班并获得了优秀学员称号。对于学院志愿服务平台的完善，我也在不断努力，从成立学院青年志愿者协会到组织航空航天学院"喻见星辰"科技志愿服务队，学院的志愿服务体系得到了很大程度的优化；积极地参加社会实践、志愿服务和义工活动的资源调配，积极和学校相关部门沟通交流，为学院社会实践与志愿服务工作不断努力。

未来展望

分析过去、理解过去对于成就更好的自己而言是很重要的一环，这也是我进行总结和反思的原因；同时更重要的是看得见未来，确定奋斗的方式和方向，这样才能将之前总结的经验教训运用于实现自己的理想目标，这才是总结和反思的目的和意义所在。

在学习方面，我将以更加饱满的激情和更加踏实的态度去完成本年度的所有专业课程的学习，及时总结，不断拓展，学以致用；沉浸式地去阅读相关红色书籍，给自己留出广泛的空间去思考、领悟；同时按时完成预备党员的"五个一"任务、青马班的理论知识学习任务；积极交流研讨学习到的知识，加强理论理解。

在科研方面，我要完成上一学年所研究的所有内容，同时再去不断寻找新的方向，在本科生期间尽量多地去了解不同方向的研究区别，找到自己最想要尝试的领域。

在社会实践与志愿服务活动方面，继续思考尝试新的组织与开展方式，以期能够做出更有新意的活动；继续积极投身于志愿服务活动之中，将课余时间的作用发挥到更有意义的地方。

在学生工作方面，更广泛地听取意见，更积极地配合老师，将"全心全意服务同学"的精神铭记于心，时刻履行；进行更多的活动组织、学习更多的工作技能，努力将活动呈现的更加完善。

最后我想对自己说一句：虽然也会有迷茫与焦虑，但还是要保持乐观积极的态度直面生活。莫问前程几许，只顾风雨兼程。

加油吧，少年！

评语

曾俊杰从多个方面回顾了自己在2022年的成长和收获，同时也展望了自己在2023年的目标和计划。这篇文章结构清晰，内容丰富，能够坦诚指出自己的不足和问题，明确了自己的人生态度和价值追求，体现了较高的政治觉悟和社会责任感。文章在反映作者个人风采和特色的同时，也反映出了新时代青年的精神和风貌。希望曾俊杰能够继续保持这样的状态和水平，在新的一年中取得更大的进步和成就！

——华中科技大学航空航天学院党委副书记　宋建涛

人生如琴

秦璇　南京航空航天大学航空学院

还记得大一时,带着对未来一无所知的迷茫,我走过了入学时的彷徨失措,如初生牛犊,上下求索,朝夕不倦;如今,砥砺耕耘初见硕果,多的是步履不停的勇气,不变的是探索世界的热忱。回首往昔,才恍然发现自己已然走入了大学生活的最后阶段。

人生如琴,琴如人生,抑扬顿挫之间,便是人生的起起落落。而生活的方方面面,学习、科研、生活……恰如一根根琴弦,我们都是琴师,轻拢慢捻抹复挑,所组成的便是独属于自己的时光流转的乐曲。"逡巡又是一年别",如今,我又送走了一个平淡而不平凡的 2022 年,迎来了新的一年、新的角色和新的空白的乐谱。回首 2022 年这首乐曲,有激昂,有平淡,有低沉,有婉转,或抑或扬,或起或伏。在学习、科研、生活的琴弦之间来回拨奏,我经历了失误,也接受了赞赏,而更多的是隐于朝夕变换的平淡,在复盘和总结中,这些过往成为前事之鉴,新的一年也会万事可期。

一、学习之弦——笃学力行,戒骄戒躁

(一)平缓枯燥的旋律中透露着不安、跳跃

2022 年初,开学后进入了大三下学期的学习,课程仍然很多,且难度更大,我们开始学习许多力学专业核心课程。同时,因为大三即将面临保研的关卡,这一学期课程的学习也显得十分重要,我也一直绷紧学习这根弦,时刻不敢放松,迫切希望自己能在这个学期将总绩点提升一个阶梯。每一天的学习平淡而枯燥,但我坚持将每一个知识点都认真消化,上课时思维能够紧紧跟上老师的讲解,也热心于为身边的同学提供学习资料。面对晦涩难懂的专业知识,教室、图书馆、寝室构成了我的三点一线。我见过深夜无人的自习室,图书馆闭馆铃声是陪伴每一天的主旋律。然而,我的成绩似乎进入了瓶颈阶段,大学三年的总必修绩点一直维持在 4.1,没有任何提高。这使我

十分焦虑和煎熬，在学习的时候静不下心来，常常打开电脑反复计算绩点的加权，仿佛多算几遍绩点就能提高。

大三下学期结束后，自己的排名甚至下降了一位，这让我对保研失去了信心，懊悔自己前三年没有早些为保研做准备，而同学们之间五花八门的信息使我失去了方向，变得浮躁，却又无法静下心来考虑考研的事情。暑假期间，在别的同学着手准备夏令营选拔的时候，我却因为不自信和贪图安逸，没有参加任何夏令营，而是一心决定留在本校，没有认真思考过自己未来的人生规划。

暑假期间回到家中，我发现2022年的上半年，自己谱写的乐曲在平缓枯燥的旋律中透露着许多不安、跳跃，我不断安慰自己往事不可鉴，来者犹可追，什么都不做，才会来不及。我反问自己：学习的初心是什么？显然，一味地追求或者与他人攀比成绩并不是我所想要的。于是，我利用暑期读了许多课外书，拓宽视野，沉静内心，客观地分析自己的处境。最终我也决心放手一搏，开始安心地阅读文献，进行科研训练，坦然面对接下来结局未知的推免工作。

暑假过后，保研工作也如火如荼地开展了，而我则顺利地获得了推免资格。那些不自信和担忧，在拿到拟录取的瞬间也相继消散了。在迷茫中的努力，也能幻化成丰硕的成果，我也获得了更多人的认可，在评优评奖中获得了年度特别嘉奖、"百佳"青年、"三好"学生等。现在想起来，不久之前，那些晦暗、苦涩，因为保研而焦虑不已的时光，仿佛是很久之前的事情了。

进入大四，不用担心绩点的影响，我在学习上放松了很多，也有了许多时间做想做的事情，变得非常松懈。保研之后的周末时光都被虚度，课程的知识点不再及时复习，上课也会神游。在最后的考试复习期间，我常常感到非常辛苦和折磨，其间还穿插着毕设的任务，让我应接不暇。

（二）总结反思

回首2022年学习之弦弹奏出的这段旋律，是在沉寂中夹杂着尖锐的跳跃的旋律，我仍然还有许多不足之处：常常会被他人的想法所左右，变得浮躁、没有耐心；在课程学习时，更多的是为了绩点而死记硬背，不去理解知识点背后的意义，缺乏思考和创新；大四课程复习时间的紧张也提醒我，知识点不应拖到最后再进行复习与梳理，在日常的学习中就应该及时掌握。

我常常发现，自己的学习似乎更像是一种模式化的学习，更多的是为了考试获得高分。许多曾经学过的课程一旦考完，对知识的记忆就会变得模糊不清，这对于后期课程的学习是非常不利的，因为更高阶的专业知识学习需要扎实的基础和知识的融会贯通。就比如在"飞行器结构力学"这门课程的学习中，很多知识都与"理论力学"的知识交叉，然而因为曾经"理论力学"考试的失误，我一直对理论力学抱有抵触心理，始终没有花时间系统地复习一遍，很多易混淆的知识点便任由其模糊下去。可想而知，最终的结果也不是非常理想。

回过头来看这一年的学习历程，因为保研的工作，反而比2021年浮躁了许多。然而在每一次独处的时间里，我总能及时找回自己学习的初心：学习并不是为了考试和绩点，而是让自己拥有处理问题的能力，选择未来的机会，以及实现梦想的途径。我端正自己的学习态度，告诉自己：学习并不是为了拥有一个很高的绩点以证明自己，而是用知识来丰富自己的内涵，将所学运用于科研活动中，成为航空航天事业中的一颗螺丝钉，这也是我的初心。而新的一年，我希望自己能在学习之弦上弹奏出婉转舒缓的乐曲，笃学力行，戒骄戒躁。

二、科研之弦——学以致用，脚踏实地

（一）缓慢上扬的旋律中掺杂接纳变化的惊喜

古人云"致良知，知行合一"，真理不止藏于书本，更藏在科研的每一次失败、重来、成功与收获中。曾经，在科创训练营中，我从零开始逐步探索，第一次使用复杂的软件，第一次接触制作航模的工具。我认识到身边有许多人和我一样，都是从零开始自己逐步探索，而我只是缺乏勇于探索、迎难而上的勇气。于是，我不再谈"科"色变，畏缩不前。后来，我参与了两个大创项目，并成了一项大创的负责人，开始主动发现问题、提出问题、解决问题。此外，我还参加了飞行器复原大赛、结构创新大赛，虽然结果不尽如人意，但也有所收获。

有了这些尝试和经历，我有了向科研进军的勇气。科研之弦上的旋律，在缓慢上扬中掺杂着接纳变化的惊喜。在年初回校之后，即将面临大创结题的答辩，然而项目的科研进展非常缓慢，还没有任何成果。我主动联系师兄和老师寻求帮助，开始了实物制作和实验。在这个过程中，有许多问题是别人无法给予帮助的，只能靠自己想办法，起初确定的方案在实践的过程中始

终无法实现，我常常感到一筹莫展。在队友的帮助下，我在煎熬中坚持了下来，完成了大创的整个流程，也有了答辩的勇气，最终顺利结题。

尽管大三学业繁忙，每周一次的组会我从未缺席。在兴趣推动下，我作为组长带领两名队员进行一项探索项目。导师引导我们从一篇发电机制作的论文出发，复刻出同样的模型。在这个过程中，我们迸发了许多想法，针对当下市场发电机的弊端，开发奇思妙想，提出多种新构型，而我也以此为基础带领组员申请了3项发明专利。每一项发明的背后，都是我们思想碰撞的结果，而我也希望有一天自己的创意能真正地出现在大街小巷。

保研工作结束后，我便正式进入课题组进行科研训练。我也逐渐意识到科研是一件需要勇气的事情，也许会有成堆的复杂公式，需要面对全是英文的软件，但只要不惧失败，克服惰性，就一定能有所收获。在这个过程中，我遇到了不计其数的困难，也常常会因为一个难题而卡住停滞不前，有时因为一个小小的概念，我需要查阅大量的资料。但是在一篇篇论文的积累中，在每时每刻的思考和尝试中，我慢慢摸索到适合自己的方法，小步慢步地走上正轨。

（二）总结与反思

接纳变化，处处惊喜，曾经对科研避而远之的我，不再囿于一成不变的软弱，这根弦上的旋律也有了缓慢上扬的趋势。无论参加什么科研活动，不轻言放弃，在不断的变化中尝试与探索，终能找到解决方法。面对新的问题、新的挑战，尝试和突破自己。"互联网＋"二等奖、物理学术大赛三等奖、结构创新大赛三等奖、挑战杯优秀奖、飞行器复原大赛优秀奖等，都是科研之弦奏出的这首旋律中跳动的惊喜。

有些事情，不是因为有意义才去做，而是你做了之后才有意义。科研正是这样，它无疑是掺杂着枯燥、乏味和困难。在这个过程中，我常常会有所松懈，不想和队友交流，不想面对导师，导致过了很久一个项目也始终没有进展。但是，如果永远不愿意改变，便永远止步不前。此外，科研与竞赛都需要面对付出努力却石沉大海的可能结局，这也是在我未来的人生之路中需要承担的风险，而我渐渐有勇气面对这些横亘在面前的困难，不再选择逃避和放弃。

目前，我的科研履历依旧很苍白，但我相信，学以致用，脚踏实地，只要我能认真对待，这首旋律将变得更加优美动听。

三、生活之弦——坚定本心，知足常乐

恬静悠扬的旋律中拥抱活泼的节奏

1. 学生工作

大学三年，我曾担任航空学院团委组织部部长，无论职务高低，肩头的责任不变。任职期间，与二院联合举办青马工程，负责青年大学习、"五四"评优等工作。我一直担任 2019 级团总支实践部部长，除了在社会实践方面，其余方面没有很大的工作量，收获也相对较少，但我仍然会认真对待这份工作。

在学生工作中，我体验到辅导员、团支书、班长等的辛苦和不易；在生活中，也开始积极配合和响应别人的工作，理解每一份决策背后的努力。

2. 志愿活动

高中的时候，我曾经十分憧憬穿着红马甲的大学生志愿者。在我心里，他们是青春瞩目的风景线。进入大学之后，我也投入了期待已久的志愿工作中，我才认识到志愿活动种类繁杂，可以计算志愿时长。校医院、国标舞赛场、防疫岗位……我在越来越多的场合和志愿活动中默默奉献自我。前三年，我总计参与志愿活动 35 次，志愿时长 227.5 小时，获得四项省市级志愿证书及多项院级校级志愿者证书。

然而从一开始的热情到后来越来越功利，更多的是为了志愿时长而做志愿。我不禁反思，这样的自己真的是我曾经憧憬的那种志愿者吗？于是我不再为了得到志愿时长而拼命地报名参加志愿活动，而是坚定本心，用善良和真心对待志愿活动中遇到的每一个人。2022 年是南航校庆七十周年，我经过层层筛选成为一名校庆志愿者，成为南航的一张名片，参与录制南航校庆视频。同时，我也通过面试，成为校史馆的讲解员，向参观者讲述南航的故事。在这个喧嚣、追名逐利的世界里，能慢下来做真正有意义的事情，才是最难能可贵的。

3. 课外生活

世俗不能湮灭生活的浪漫和热情，人应该知足且坚定，温柔且上进。我热衷于体验不同的人生，参加各种文化活动。曾经作为负责人带领学院参加院际杯；在院迎新晚会、校创协晚会表演；成为一名朗读者，讲述书中故事。在保研之后，我拥有更多的时间，努力学习写作、绘画、视频剪辑、排版推

送等，成为提升自己的途径。在我的生活里，虽然没有专业的培训，但热爱就是最大的动力。

然而与从前相比，现在的我更多的是把周末与假期投入到电子产品上，报复性地玩手机，不再从事自己的兴趣爱好。在学校时，我很容易受到他人的情绪影响，也容易被他人所左右，经受不住诱惑，常常和同学们一起吃喝玩乐。在每一次的虚度光阴之后，便会后悔。因此，我给自己制定了每一天的日程表，以充实自己的生活。

4. 总结与反思

每一天的日常平淡而安逸，描绘了我的四季更迭，组成了我的岁月底色。在这恬静悠扬的旋律中，拥抱着一种活泼的节奏，学生工作、志愿活动和课外兴趣便是这首旋律中活泼、欢快的点缀。新的一年，我将拒绝沉迷屏幕，常在包里放一本书，以笔为友，以书为伴，让生活之弦的旋律平缓悠扬，坚定本心，知足常乐，以每一天的精彩化作跳动的节奏，组成我新的一年的乐章。

四、2023年展望——悟已往之不谏，知来者之可追

送别2022，迎接2023。我觉得我所经历的告别都是乐观的，告别是为了新的出发，前往更好的下一站，迎接新的挑战。

2023年，新的乐章，新的旋律，我想这样奏响：

1. 善待家人，陪他们更多的时间；
2. 认真对待科研项目，培养专业精神；
3. 坚持学习英语，看英语文章；
4. 有计划地生活，有计划地消费，不被他人左右，知足常乐。

五、总结——人生如琴，或抑或扬，过往可鉴，来日可期

人生如古琴，愈简、愈淡、愈通幽。在2022年，无论是学习、科研，还是生活，我都有收获、有反思。

在这一年里，我最大的幸福就是一切顺利。许多事情都在意料之内而没有超出掌控。顺利获得推免资格，顺利直博；在这一年里，我尝试了更多的竞赛，都没有石沉大海；在科研之路上，我不断吸收经验，萌芽成长，靠自己的奇思妙想申请了三篇发明，提前学习科研软件，打好基础；评优评奖期

间，我制作 PPT 的水平逐渐提高，顺利获得了各种奖项；经过长时间的考察，我也顺利地向正式党员迈进一步。

而在新的一年里，我仍然还有许多可以努力的地方：学习上，我还有很大的进步空间，需要更加踏实和努力；科研上，我还缺少专业的经验和主动性，不够细致，常常逃避；生活中，不够坚定，在许多时候会被他人左右而浮躁不已，忘记本心。这些缺点希望自己在 2023 年能加以改正。

人生如琴，琴如人生，抑扬顿挫之间，便是人生的起落。那些悄然流逝的时光并没有消失，而是成为我前方的人生之路的养分，滋养着我新的成长。经过这些总结，我也相信，过往可鉴，来日可期！

> **评语**
>
> 秦璇作为工程力学专业学生，在学习、科研、学生工作、生活中都充满活力、追求卓越。这篇总结行文流畅、真情流露，体现了秦璇善于总结、勤于思考的优良品质，值得师弟、师妹们学习借鉴。
>
> ——南京航空航天大学航空学院辅导员　丁宜宣

回顾往年，展望未来

张可言　清华大学航天航空学院

一、学习方面

（一）回顾

大一第一学期，我认真努力学习必修课；潜心阅读 8 本书、14 篇论文，写出了 1 篇不错的学术论文；认真完成通识课。刚开始我手忙脚乱地面对课程作业和院系活动；期中之后，学习和生活开始有条不紊起来，我慢慢学会了如何安排学习和参与活动的时间，慢慢适应了这种生活与学习分不开的状态。

（二）成绩与优点

在大一上学期，让我印象深刻的有两门课：机械制图、写作与沟通。机械制图我在每次学习时能够感受全身心的投入与享受，成绩也很好。写作与沟通课，从最初选题时的纠结难熬、找不到文献时的无助绝望，到拟稿初稿面批后的醍醐灌顶、豁然开朗，且初稿终稿均满分，成就感满满。仿佛在漫长的时间里，在一堆文字的麦田中一点一点前行，最终守得云开见月明。这段经历不仅教会我如何写论文，更重要的是，或许以后再遇到什么需要长久坚持而又令我短暂痛苦的事情时，我会告诉自己，只要坚持下去，就能像这学期的写作与沟通课一样，最终开心地给自己交上一份满意的答卷！

（三）不足

1. 学习过程中自律程度不如高中。空闲时间也不再拿来学习或看书而是浪费在手机上。心已经散了，做什么都没有定力。或许自制力的失去与重拾，是大多数大学生都要经历的。

2. 作业方面有拖延症。作业、对答案、答疑后的补笔记都不及时，总是由于惰性想晚一会再写，结果总是一拖再拖。

3. 假期安排不合理。每天干劲儿不足，假期其实可以学习很多技能（如摄影、乐器等），体验多彩生活（如旅游、做志愿者等），但我将时间浪费在了刷视频上。

（四）成长、收获与感悟

大学给了我什么？我希望大学给予我什么？

我最大的感触是，大学，尤其是清华大学，能够教给我最好的东西不只是过硬的专业知识，还有自信心，对行胜于言、专业靠谱的追求，以及开放的学习态度。在高中的时候，我局限于学习课内知识，课外拓展不多，因此不太自信。经过大一学期后，我发现了丰富的资源，我通过这些资源可以自主学习、自我提升。生活中要学的东西是学不完的，但是在我要用的时候，我能够自主地去学习它，并且能够学会的能力才是重要的。只要我愿意去学，找到资源，我相信没有什么是我不能学会的，这样的自信也确实给了我什么事情都想要并且敢于去试一试的勇气。

另外，上了大学之后，我变得对世界、对身边的事物都充满了好奇。只要我能接触到的新事物，我都愿意去尝试、去学习。我希望经过大学之后，我不是一个把所有知识都全部记在脑子里的人，而是一个不管需要用到什么知识，我都能勇敢去自主学习并运用的人。

（五）明年计划

1. 每天都要规定完成任务后再放松，养成习惯，把行动力练起来。
2. 下学期上完课当天及时补笔记且直接先复习后写作业，争取当天完成，至少当周完成。习题课、答疑后也要及时补笔记。每上完一个单元就要做总结。
3. 假期要提前做好规划，利用好时间。

二、工作方面

（一）回顾

在大一上学期我担任了党课小组长。我成功组织了"固本计划"理论书籍阅读，带着同学们共同阅读了《雇佣劳动与资本》《国家与革命》；每周提醒同学们阅读打卡，并且举办读书动员会、分享会。此外，我还组织了参观军事博物馆、北京展览馆，主题党团日和求索杯、求索论坛等活动。

（二）成绩与优点

我记得举办第一个活动即参观军事博物馆时，我担心门票不好买，不好订车,不敢带同学们去。但是在几位辅导员老师的指导和帮助下,我发现其实这个活动并没有那么难,并且大胆做出了尝试。我通过有效沟通,让大家在党课小组中度过了一个比较有意义的学期。我也很高兴我的工作得到了同学们的认可,在本学期的近代史纲要课程需要推选小组长时,有一位同学主动找到我,希望我能出任小组长。

(三) 不足

没有及时写活动总结。一些活动并没有自己亲力亲为举办。这个学期的工作中我或许还可以再大胆一些。

(四) 成长与感悟

1. 在勤奋工作的过程中收获快乐

作为党课小组长,我曾用两个晚上为大家画出了《雇佣劳动与资本》的思维导图,也曾整理主题团日的 PPT 直到凌晨 2:00,但我也在这些过程中收获了知识与快乐。

2. 在为大家服务的同时收获成长

经过一学期的活动组织、工作开展,我克服了做事犹豫、优柔寡断的不足,也在与大家的沟通交流中变得开朗外向,融入了班集体,收获了友谊,找到了自己的定位与价值。

3. 在活动中感受到班级的凝聚力与温暖

面对我工作中的不足,班级的同学们给予很多理解和支持,让我十分感动。当组织活动时,同学们也都积极配合,让我备受鼓舞。能够为这样一个有凝聚力的集体服务,或者说是通过我的服务让集体有凝聚力,是我的荣幸。

三、思想方面

(一) 回顾

我提交了入党申请书,被确定为入党积极分子,积极与联系人交流,写思想报告,参加党组织生活,并且通过阅读理论书籍,提高思想觉悟。我们在与联系人谈话的过程中,从对有关党政看法的问题到社会现象都会有所涉及,在思想报告中也会深刻反思最近出现的问题。在宿舍里也会跟舍友们互相碰撞思想火花,深入思考交流。我不断地学习、反思,享受这个过程,也在其中成长。我非常敬佩辅导员们丰富的理论知识、较高的思想境界与看待问题的方式。我希望能向他们逐步靠拢。

（二）成绩与优点

我之前的理论知识不足，但是通过一学期的努力，我感觉知识储备以及思想境界都有所提升。

（三）不足之处

在读《雇佣劳动与资本》等书时，一些知识点或逻辑并不能完全理解。参加党组织生活的积极性不太高，有时候在回答问题或讨论时我会有些退缩。

（四）明年计划

不断反思自身和分析现代社会现象，不断提高思想境界，向党组织靠拢。坚持读书，多与辅导员和联系人讨论，在组织生活中更敢于表达。我相信，只要继续前进，哪怕慢一点，也终会往前。

四、生活方面

（一）回顾

1. 模式的改变

从高中那种单纯、专一的学习生活变成了丰富多彩、要努力平衡才不至于眼花缭乱的生活。各种要做的事情交织在一起，不分彼此，更接近未来真实社会生活。刚开始我比较迷茫，后来我学会了评估——同一件事情，我想要做到什么样的程度，需要花多少精力，其他的精力我可以拿来提升什么。学会评估自己设定的目标，以及达到目标所需要投入的时间与精力后，就能够更自由地把握生活。

2. 心态的跨越

期中之前，我非常焦虑，甚至自卑，总觉得身边的同学都很聪明，而我要很努力才能赶上。我开始想，平平淡淡过一辈子也没什么不好，但是又总觉得对不起曾经要报效国家的理想。在主动找辅导员聊过多次后，我心态逐渐平静下来。我才大一，没有必要急着给很多事情下定义，可以慢慢去多看一看，多试一试，才能找到真正想要的生活。生活的打击也许依然出现，但我能够用更乐观更向前的态度看待，它们都是我生活的一部分，是我需要体验的。

（二）不足

我后半学期沉迷于小说、电视剧等娱乐，经常熬夜。想在下个学期养成自律、规律的生活习惯。课余的生活不要过度沉迷娱乐，可以去学一点技能，比如尤克里里、MATLAB 等。

五、总结体悟

在以后的人生中，我还会接触各种各样的事情，也许都像是从一开始的手忙脚乱到后半学期的有条不紊一样，开头会手足无措，但是大学、中学经历的各种事情以及学到的经验都会成为我有力的支持与后盾，支撑着我一边摸索，一边前进，直到完成这件事。大学是进入社会的缓冲和瞭望塔，我也确实通过 2022 年发现了很多从高中跨入真正社会生活时会出现的断层。希望在 2023 年我可以更加习惯，开始多做尝试，也希望能在学习、工作和思想等各个方面有所进步。

> **评语**
>
> 从张可言同学的总结和对她的了解中，我看到了一个思想、学业、社工和体育全面发展的学生，也看到了一个能够沉下心来认识自我、勇于面对自己不足更勇于尝试改变的学生。要知道一个人认识自我很难，认识和直面自己的不足并勇于改变更难。一个人有了这样的勇气、行动的决心和信心，其进步和成功是必然的。祝愿可言同学在人生的道路上能够不断认识自我，超越自我，也相信通过和大家一起分享这些宝贵的感悟和经验，更多人会因此受益。
>
> ——清华大学航天航空学院副教授 杜建镔

携手空天，遇见未来

任家鹏　上海交通大学航空航天学院

2022年暑期结束，12年的寒窗苦读所磨之剑，今朝终得见锋芒，我欣喜地收到来自上海交通大学的录取通知书。自己正式成为上海交通大学航空航天学院的一分子！这份惊喜与欣喜交织的感情久久萦绕在我的脑海。

经历暑假的洗涤，高中备战高考的热血激情慢慢淡忘，随之而来的是对新校园和新生活的期待与向往，了却高中的情谊与回忆，感受大学的新奇与魅力。站在高中和大学两个阶段的交汇处，我怀着这种情愫，在上海交大度过了自己大学生涯难忘的第一个学期。总结过去，汲取经验教训；展望未来，照亮前行道路。

一、回眸2022

初次步入大学，一点一点去接触，去感悟，去努力，有了颇多收获，亦有颇多感触。这是一个有得有失，有优有差的学期，是一个值得我深刻总结的学期。

（一）学习方面

我们步入大学初期需要警惕的是，高中时的我们，可能会被社会乃至父母老师灌输一种错误的思想，"到了大学就可以放松了"等诸如此类的谬论。上了大学后我逐渐意识到：不同于之前12年的应试教育，其最根本的初心是考上一个好大学，但进入大学难道就万事大吉了吗？进入大学后的学习才是为自己未来的人生添砖加瓦、积蓄力量，为自己的人生、社会、国家贡献力量。大一是大学的关键时期，若在刚开始就松懈，只会让之前12年的努力刻苦白白浪费。

大学生活的一大特色是自由度高。相较于高中，大学生有了更多自我安排的时间，这也就强调了自学的重要性。同时我们独自一人来到异地求学，衣食住行方方面面都需要自己全面负责。那如何给学习科研和生活娱乐合理分配时间是极具考验的问题。大学生活的另一大特色是需要提高自学能力。由于大学的授课已不再像高中时的填鸭式,而是一节课包含极多的知识点,讲授方式也是概统式,单单靠课堂上听讲是完全不够的,需要自己加强总结和贯彻领悟。

我对于自身的学习,经历一个学期有了颇多的改善。

1. 学习态度的转变。起初的我抱着错误的思想来到大学,并未真正投入到全新的学习中。在领悟到大学学习的真谛后,学习态度有了全面的转变,我开始体会到自习室、图书馆的魅力。从宿舍到自习室、图书馆,课余学习时间的三点一线是一个巨大且有益的转变。沉浸在自习室安静淡然和图书馆书香浓郁的氛围中,我明显体会到学习效率的提高,心更能沉得住、静下来,得以在知识的海洋中全身心投入,探索知识的奥秘。

2. 详细计划的制订。在高中过惯了被全权包办的生活,大学的一切就需要自己制订计划并完成。在慢慢掌握生活规律后,我养成了每日计划的习惯,每完成一个任务就获得一份极大的自豪感。有了计划的约束,我的生活学习变得有条不紊,井然有序,在自我监督中不断提高自己。

3. 自学能力的提高。大学更加注重自学能力,在高中的我时常过度依赖于老师的讲解,缺少了必需的自我思考。进入大学后,更多的课程内容和作业需要独立思考并完成,我在思索中锻炼自我的思维,也有助于我更加全面透彻地理解知识,提升自我。

同样,这学期的我也有诸多需要改善的地方:因事务繁杂,计划不合理导致学习效率偏低;在学习上投入的时间不足;学习动力不足,学习状态不佳。这些缺点在接下来的学期中都要一一改正。

(二)生活方面

在生活上,由于自己的热情大方,不管是与舍友还是与同学老师,我都能相处得很好。自己最大的特点是诚实守信,平易近人,待人友好,喜欢交朋友。因为我一直坚信:要想握到别人的手,首先就要伸出自己的手。除此之外,自己有着良好的生活习惯和正派作风,喜欢运动,爱干净,崇尚健康的生活,所以一直以来与人相处甚是融洽。面临困难,会勇往直前,拥有一颗积极乐观的心,这就是真正的我!

(三)社会实践方面

我上学期的时候,参加了许多校内活动,比如新生杯机械赛、校级运动会、校级马拉松等。参加校内的活动可以认识到更多的同学，也就增加了与其他同学交流和互相学习的机会，锻炼了自己的交际能力，学到了别人的长处，认清了自己的短处。除此之外，我还参加了校外实践、校内志愿活动，培养了我吃苦耐劳的精神，让我在人际交往和工作能力方面都有很大的提高。同时我还作为原班级的宣传委员和军训时期的政工，让我得以发挥自己优异的语言文字功底，圆满完成了班团委工作报告和军训宣传推文的写作，获得"优秀政工工作者"称号。

（四）思想方面

进入大学后，我越来越觉得，作为一名大学生，必须要有独特的人格魅力，要讲文明有礼貌，平时关爱同学，尊师重道，乐于助人，要有高尚的品格，更要有爱党爱国爱人民的思想觉悟，怀有报效社会、忠诚爱国的崇高理想。因此，我在大学之初就有意识地改变自己，让自己变得更加完善，成为一名品行兼优的优秀青年大学生。

二、展望2023

大学就好像是一条珍珠项链，学术能力的培养与提高是丝线，多姿多彩的生活是珍珠。珍珠固然夺目，但如果失去了丝线，也就失去了展现美丽的骨骼。不要一直迷失在珍珠璀璨的光芒之中，学习依然是我们重要的使命与任务。

（一）必修课的学习

重视基础、扎实学习。本科四年的学习本质上只是对基础知识的学习，专业知识的深入与拓展涉及不多。所以，大一期间任何学科的学习都是从基础学科入手。例如大一上学期的线代课程，从未接触过数组运算的我，面对抽象的全新的概念，起初百思不得其解，但是在深刻理解其中隐含的关系之后，一切难题都迎刃而解。线性代数在之后多门课程中和科研项目中发挥很大作用，其基础学科的地位可见一斑。我在未来的学习中，需要更加努力在基础课程中下功夫。"千里之堤溃于蚁穴"，唯有打实基础，方可铸造万丈大厦。

注重兴趣、专业定向。专业兴趣的形成来自两个方面：一是开始就有浓厚的兴趣，二是在学习中培养了浓厚的兴趣。所以兴趣是可以后天培养的。新的一学期，我要准备好在学习中积极探索对于专业的兴趣、定位专业发展方向，为社会发展和国家航天事业贡献自己的力量。

关注授课重点，感受人文气息。在大学中，完整的笔记就是最好的考试复习材料和考研的专业课复习材料，要学会记录课堂内容，并且能够及时整理总结知识重点。大学教师并不会像高中老师那样给你圈出重点，串讲难点，授课中所传授的是一种思想、方法和人文精神，而并不是固定形式的表达。我们或许当下暂时无法体会这门课程的魅力和作用，但是在潜移默化中，会成就一个更加全面的自己。接下来，在面对之前被我错误认为是"水课"的必修课程，无论所谓课堂的内容有多"无聊"，我都要从感悟思想、陶冶情操的角度去感受教师的个人魅力和课程的精彩万分。在这种自由的人文精神中成长是快乐的，来深刻感悟大学学习的人文底蕴。

（二）选修课的学习

选修课的目的就是在专业课之外扩大视野，汲取更多知识，促进学生全面发展。下学期选修课，我要在"博而不专，专而不博"之间做好选择。选修课与必修课最大的不同是，我们可以完全按照自己的兴趣进行发展，可以蜻蜓点水、浅尝辄止，也可以深入研究、化为己用。大学的学习就像是一个万花筒，课堂是多彩的，形式是多样的。每个人都有权利根据自己的爱好去选择喜欢的学科，我们可以在选修课和旁听课中充分涉猎知识，提高人文涵养，这也许不会成为我们今后工作的方向，但可成为一种志趣和陶冶情操的方法。当我们从知识的宝库中走过时，会领略到人类知识的博大和璀璨。以认真负责任的态度对待选修课，是对自己负责。

（三）课外知识的涉猎

图书馆：大学占座的主战场，也是人最聚集的地方。要求自己在下学期更多地沐浴在图书馆知识的海洋中，在浩瀚的书海中汲取人类智慧的结晶。

讲座：学校举办的众多讲座，如果能与大师面对面，感受他的人格魅力，接受知识与经验的洗礼，绝对可以"听君一席话，胜读十年书"。

课外实践活动：大学的一大特色——课外实践，是衔接大学与社会的关键环节。每个大学生在工作之初因为不懂得社会规则而感到无助，所以在下学期我要尽可能地抓住实践活动的机会，将学到的知识转化为行动力，真正做到"学以致用"，积累经验，锻炼自己，为未来投身工作岗位打下基础。

一路走来，能够进入上海交大就读是我一生的荣幸。这一学期以来，我不断努力提高自身综合素质，有得有失，有优有缺，我希望在接下来新的一年里，能够继续保持激情与勤勉态度，总结过去，展望未来，逐梦航天，让大学生活更有意义！

> **评语**
>
> 任家鹏的总结计划令人印象深刻。在上海交大快乐而充实的一年中，他的学习态度的改变和自我管理的努力值得表扬。在学习中也兼顾了社交和兴趣，对未来的展望切实而丰富，注重基础、培养兴趣、汲取知识，这些都是智者之举。坚定前行，继续闯荡大学之路，祝家鹏未来取得更多辉煌的成就。
>
> ——上海交通大学航空航天学院思政教师　高瑾

不晉微芒，造炬成阳

白芸　四川大学空天科学与工程学院

一、回望 2022

我很喜欢《北野武的小酒馆》中那句"虽然辛苦，我还是会选择滚烫的人生"。每当读到这个句子，我便会想到萤火虫，想到太阳的光芒，想到努力的背后是希望。

回望仓促的 2022 年，以一个月的居家网课开始，以一个月的线上学习结束的大三上学期格外令人感到时光飞逝。尽管匆忙，这一年仍是新的经历、收获、遗憾与失意交织的一年。当我愿意剥茧抽丝般地剖析自己在这一年的得与失，我也感受到过往的经历与教训成为一种内在驱动力，推动我在接下来的一段时间铆足干劲。

（一）课程学习

在大二下学期和大三上学期，我一直比较满意的是自己踏实认真的学习态度、勤于归纳整理笔记的良好学习习惯。

对于必修课程，无论难易程度如何，我都会坐在教室前三排听课，课上努力跟上老师的思路，课后再对照 PPT 翻阅课本、整理笔记和复习消化。我深知自己资质平平，因此我始终坚持"一环扣一环"地学习，力争在平时就学好每一个章节。对于课程作业，我也力争认真细致地及时完成。

周一至周五的大部分课余时间，我都会去图书馆或教室自习。当一个个不理解的公式定理变得熟悉亲切，一段段深奥的文字变得逐渐清晰；当阳光穿透窗户洒在一教 D 座自习教室的课桌上，当夜晚长桥的彩灯斑斓闪烁，我内心的焦虑与烦躁总会被抚平几分。

相较于前几学期，2022 学年的专业课程难度陡增，我对一些课程像微机原理与接口技术、空气动力学Ⅱ（全英文）的学习一度陷入困难，半期成绩也很不理想。"没有学不会的东西，只可能是你付出的努力和时间不够。"在空气动力学课堂上听到老师这句话和他讲述自己本科学习经历时，我深受鼓舞，满怀激动地将它写在了我的笔记本扉页上。后半学期，我重整旗鼓追赶，反复温习笔记和巩固习题，终于在期末考试取得了较大进步。

对课程学习深刻反思后，我总结出自身还存在以下问题：①专注程度有待提高，易受环境影响；②容易陷入"自我感动"——一味追求学习时长，学习效率不高；③对自己要求还不算严格，整体成绩虽不错，但一些专业必修课还有待进一步突破。

自我剖析只是第一步，纠错与改正才是成长的关键环节，2023年我将努力克服这些缺点。

（二）科研竞赛

学科竞赛方面我一直存在短板，究其原因一是缺乏勇气和信心去积极尝试，二是缺乏耐心准备不充分。

2022年我参加了全国大学生英语竞赛和数学建模竞赛，但均未获奖。在向老师亲友倾诉后，我逐渐走出了沮丧失意，也明白了做事不能完全功利心驱动。即使没有得奖，备赛过程中我也能取得不少收获。我决心调整心态，更加主动大胆了解科创竞赛，向前辈讨教经验并充分准备，规划时间积极参加。

科研方面，我在大二下学期作为组员参加了一项"大创"，但由于懒散懈怠，并未推动项目取得实质性进展。大三上学期，我作为负责人申报了项目制课程和"多源信息融合的智能交互控制机器人抓取技术"这一"大创"项目。2023年，我将主动承担起一个合格团队负责人的责任，通过自身的努力与老师的指导帮助，使我们团队的科创项目取得优秀的结题成绩，也希望这段科研经历能为我的本科学习生活增添一抹色彩。

（三）学生工作、志愿服务与社会实践

2021—2022学年，我担任学院团委学生会办公室部长。由于办公室为院学生会新增设部门，许多工作没有学长、学姐的经验可循，除了对老师们委以重任的信任感到欣喜，我也非常焦虑自己能否胜任。

这一年的锻炼下来，我承认工作中确实存在诸多不足，许多决策也不尽合理，但这丝毫不影响我对这段宝贵经历的感激之情。它让我逐渐学会了团队分工与领导统筹，而组织筹备演讲比赛、表彰大会等工作，都让我变得更加外向开朗，使我的文书撰写能力和人际交往能力等得到了显著提升。

2022年，我还积极参与了学校疫情防控核酸检测和校医院HPV注射志愿服务等，在"志愿四川"平台服务时长累计达 45.5 小时。这些志愿活动不仅让我深切感受到了医护人员的辛苦与伟大，也感受到了青春因服务社会和帮助他人而焕发出的更靓丽的光彩。

2022 年的社会实践方面，无论是"访江姐故居，悟英烈精神"的自贡之行，还是"探寻红色记忆，砥砺奋进征程"的建川博物馆之旅，都加深了我对红色文化、红色精神的敬仰，激荡起我心中的责任感与使命感。实践结束后，我将所见所闻与所思所学结合，撰写的两篇实践报告均发布在中国青年网上，我也被评为四川大学 2022 年暑期社会实践优秀学生。

（四）思想政治

2022 年 12 月预备期满转为中共正式党员，这意味着我实现了一直以来的一个梦想，也意味着我要在今后的学习工作和生活中更加严格要求自己，发挥党员的先锋模范作用。自递交入党申请书的那一刻起，我就深知这一身份光荣与使命并存。而在此后我将更加珍视这份责任，注重理论联系实际，不断提升党性修养。

（五）身心健康与兴趣爱好

2022 年我一直定期锻炼身体，无论是沐浴着夕阳在跑道上慢跑，还是在跳绳时感受着汗水的渗出，运动总能驱散我在长时间学习后的疲倦。在压抑苦闷时，我也能通过向家人师友倾诉，及时排解和消除负面情绪。虽然具备自我调节能力，但我仍存在情绪易波动和易焦虑烦躁的缺点，2023 年希望自己能进一步学会换位思考与心态平和地处事。

此外，一直以来我都对绘画很感兴趣，我也希望新学年能在闲暇时间拿起画笔，继续发扬个人特长与兴趣爱好，充实自我。

二、展望 2023

2023 年，注定是更需要厘清规划和奋斗拼搏的一年，我将迎来关键的大三第二学期，为人生下一阶段做出思考与选择。前五学期的学习生活让我逐渐明晰自己想要读研深造，也更加坚定想要保研的目标。

2023 年，我将继续踏实认真对待课程学习，利用寒假认真准备复习开学缓考课程，同时在新学期不骄不躁，以优秀的成绩圆满完成大三下学期和大四的课业；定期召开小组会议与团队成员以及指导老师交流，确保我们的科研项目有序推进，也使我们能从中得到锻炼与提升，并初步培养科研素养；

继续保持每周运动锻炼身体的习惯，积极参加学校和学院组织的体育活动；努力把握保研时间线做好各阶段工作，向着目标不断迈进。同时，大三下学期和大四的课程量较前几学期相对少一些，在保证学业成绩之余，我还意欲发展个人一直以来对绘画等的兴趣爱好，劳逸结合、全面发展。

  我相信厚积才能薄发，把握好每一个阶段才更容易达到最终目标。现将2023年我的阶段规划梳理如下。

2023年1月—2月	复习大三上学期末缓考课程；准备2023年大学生英语竞赛；完成个人简历等推免文书并搜集了解院校推免信息。
2023年3月—4月	以课程学习为主要任务，同时组织团队成员有序推进科研项目；参加大学生英语竞赛提升竞赛背景；完善个人简历、陈述等材料；拟定计划并开始专业课复习。
2023年5月—6月	在夏令营报名通知发布后持续关注目标院校并进一步细致梳理院校信息，继续专业课复习与面试准备；认真准备期末考试；继续推进科研项目，顺利完成中期报告与后期工作。
2023年7月—9月	继续投递简历并参加夏令营考核，准备后续可能的预推免与九推，调整心态及时补齐短板，保持正常的学习节奏。
2023年10月—12月	进入大四学习阶段。

  山不让尘，川不辞盈；不吝微芒，造炬成阳。站在2023年的隧道入口准备启程，我想用"不吝微芒，造炬成阳"勉励自己，不排斥一点点微弱的光亮，希望自己变得更加优秀和明亮；不忽视每一步的努力、积累与沉淀，希望自己终将达到心中的远方。

> **评语**
>
>   白芸一直是勤奋好学的典范，积极参加大创项目、学科竞赛等提高自己的创新实践能力，曾获得国家奖学金、"挑战杯"揭榜挂帅专项赛全国三等奖等。在这篇总结中，可以看出她对德智体美劳全面发展的思考和探索，可以为更多的同学提供前行的参考。
>
> ——四川大学空天科学与工程学院
> 党总支副书记兼副院长　季袁冬

走出舒适圈，迈向新征程

何闪闪　四川大学空天科学与工程学院

岁月不居，时节如流。悄然间，2022 年的学习生活落下了帷幕。

2022 年对我来说是特殊的一年，它不像 2021 年，只要把握好自己在学校里的学习和工作生活就好，面对的最大难题也不过是期限快到了还没有完成任务的焦虑，学习和工作冲突的取舍。在 2022 年，我迎来了新的人生课题，它关乎我的未来发展，关乎我未来三年何去何从。如果说 2021 年的关键词是"选择"，那么 2022 年的成长重心就落到了如何走出一个又一个的舒适圈，拖延逃避的舒适圈、摆烂躺平的舒适圈、自得自满的舒适圈……这些舒适圈限制了我的成长，我却没有意识，当意识到的时候虽为时不晚，却也经历了一番磋磨。

一、思想

在 2022 年 5 月 18 日，经过党组织一年的考察，我顺利地由预备党员转为正式党员。在此之前，我花了大量的时间认真地整理了自己的入党材料，重温了自己的入党申请书和每个季度的思想汇报，进一步坚定了自己入党的决心。

在 5 月 18 日那天，我宣读了自己的入党志愿书，表明自己入党的志愿与决心。通过聆听老师同学对我的优点的肯定和我身上存在的不足之处的指正，我也对自己有了更为深入的了解，同时我也在众多的正式党员和预备党员面前郑重承诺，会继续发扬自身长处、反省自身不足，努力向着一名优秀的中共党员不断靠拢。转为正式党员是党组织对我的认可，也实现了我在去年期许的自己顺利转正的心愿。

二、工作

相比于 2021 年，2022 年工作方面的收获就相对较少了。

上半学年，我在学院中担任院学生会主席的职务，主要负责分管办公室和学术科技协会这两个部门，推动学院"学风引领计划"的开展。相比于2021年密集活动的举办，在2022年更多的则是资料的整理、年度成果的汇总和面向全校主要学生骨干的述职工作。在这期间，我和主席团其他成员一起整理了上一学年的主要材料，按照学校要求对学院活动形式、完成度等进行审查，并严格按照要求对材料进行汇总提交。在此之后，我参加了十佳学生会评选，作为汇报人介绍我院2021年的年度成果。我至今还能够回忆起那天我上台时的紧张心情，介绍时的强装镇定，以及在结束之后，与一同参会的伙伴一起吃烤肉时的轻松。

下半学年，由于班级同学对我的支持和党组织各位同志对我的认可，我同时当选了班级和我们党支部的宣传委员，负责拍照、写新闻稿、做学习汇报等相关工作。得益于长期的学生会工作经验，我对自己的工作能够做到得心应手。相比于之前的学生工作，党组织的工作对我来说更算是一种思想上的成长。

三、学习

2022年的学习生活可以分为两部分，大三春季学期和大四秋季学期，或者更确切地来说是推免前和推免后。

大三的春季学期相较于之前的学期生活有了很大的不同。在课程安排上，每周的上课时间减少，有更多的时间可供自己自由支配；在课程要求上，记忆类和计算类的课程占比减少，取而代之的是类似无人机设计与实践、飞行器总体设计这类的实践类课程，对我来说也算是一个不大不小的挑战。

在这些课程中，我在无人机设计与实践的课程中收获最多。该课程要求同学们自行组队完成一架无人机的设计，内容涵盖了无人机的气动布局、三维模型、动力系统等诸多知识的学习和设计。这是我之前没有接触过的领域，也是将我之前学习的理论知识应用于实际问题的一次实践。在这个课程中，我组织了自己的小队，并积极申请担任小队队长，统筹设计工作安排。在完成我们小组飞行器的设计过程中，我学会了科学查找文献、设计报告的撰写、制作更加精美的PPT、合理地分配任务和工作。这个实践课程使我的科研素养与团队协作能力得到了升华。

大学生活愈发临近尾声。在大三下的3月，我开始思考自己未来的发展走向。在对自己的综合能力、科研素养以及社会经验进行了总体的评估后，发现自己三年的努力耕耘收获了"推免名额"的果实，其间每一步的稳步前进，都使得推免之路变得踏实。

在推免结束后，经历了半个月的放松，我迎来了毕业设计的选题和学习。毕设对我来说是一个完全新奇的科研体验，自己独立负责完成一个项目，确定选题、确定场景要求、搭建环境……这些是科学研究进程的冰山一角，于我而言却是一大考验。

对我来说，毕设最大的困难是代码编写。对 Python 等代码编写软件的陌生，使我毕设初期长期处于手足无措、无从下手的状态。每天的学习收获不多，效率极低。没有功劳，只有苦劳，失败使我的积极性受到极大打击，常常觉得相比他人的间隔年，自己为学习所困实在可怜……负面情绪把我裹挟，使我沉浸在自己的舒适圈，直到教务老师发了开题答辩的通知，我才猛然惊醒，认识到自己的畏难情绪。

在准备开题报告期间，我痛定思痛，梳理科研思路的同时也对自己过去一个月的行为进行了反思。与其让推免后的大四学年成为我的间隔年，倒不如让它成为我的成长年，收获成长，接触更多书本上没有的知识，为研究生的科研打下基础，这样才能让这一年更有价值。

认识到这一点，我在认真完成了开题答辩后，开始积极地进行代码的学习。我去网上查找基础的算例，不拘泥于研究方向和算法领域，不拘一格地进行学习；我利用网络平台学习环境搭建的基础知识，给自己进行更加全面的扫盲；我开始积极尝试新算法，开始在不断调试中学习新的小攻略……

思想的转变带来学习效率的提高，我完成计算程序的编写与运行，给下一阶段打好了基础。这件事情给了我巨大的信心，使我之后遇到代码上的问题时总能保持乐观的态度，毕竟从 0 开始学写代码都能运行出这样的成果，其他的困难我也一定能够搞定。想法虽然有些幼稚，却成了我坚持到现在的信念。

总的来说，2022 年的学习生活并不是正向积极的一年，缺少了考试的约束，就像是少了目标，使得我这一年都处于"陷在一个舒适圈中，强迫自己走出来，又陷入另一个舒适圈"的一个恶性循环之中。这一年仿佛是对我的警示，它提醒了我，我并没有自己想象的那么自律，那么能控制自己，在今后的生活中我需要对自己的这一方面进行加强。

四、2023年计划

2023年，我将督促自己做到以下几点：

1. 坚持练习英语口语；
2. 掌握Python编写的基本技巧，认真完成毕业设计；
3. 认真完成党支部安排的各项工作；
4. 把握好研究生一年级，及时转变思想，打好基础；
5. 多与导师沟通，明确自己的发展方向；
6. 分别制订每月、每周、每天的学习计划，加强执行力度，特殊情况再做调整；
7. 多参加学院和班级的各项活动，发扬自身长处；
8. 坚持锻炼身体，每周锻炼3—4次，每次1小时；
9. 坚持健康的生活方式，早睡早起，健康饮食。

无论2022年有多少遗憾和不舍、痛苦、迷茫、荣誉和辉煌，那也都已经成为过去，随着时间的流逝会渐渐地消失在我人生长途的回忆里。

新的一年在向我招手，吸引我前行。2023年，我将完成本科生到研究生的转变，我不知道在已经教导我4年的川大我还会有怎样的成长，也不知道在即将前往的复旦大学会有怎样的机遇和挑战，但我始终抱有期待。

踏上新的征程，我希望在新的一年收获更多，能获得更大的成长。如果这个期望过高，那么至少希望自己能不再被舒适圈束缚。就像毛毛虫破茧才能成蝶，我也要打破自己的舒适圈，成为一个新的我。

评语

大三到大四的这一年充满了不确定，如何在不确定的阶段增加自己发展的确定性，是这个阶段的同学们首先要解决的问题。何闪闪在一次次躺平的诱惑中选择坚定地去行动、去探索，用坚实的努力达到了自己想去的地方——唯有行动才能冲破不确定的迷雾，为自己赢得发展的先机——何闪闪这一年的故事，对在迷茫与奋斗中的同学有很强的借鉴意义。

——四川大学空天科学与工程学院团委书记　马丽娜

奋楫笃行，乘风破浪

李奕辰　西北工业大学航空学院

岁月不居，时节如流。2022年，注定是不平凡的一年，它是我本科学业承前启后的关键一年，更是我不断试错历练、提升综合素质、成长进步的重要一年——回望过去，我将从磨砺与教训中总结宝贵经验；面对未来，我满怀期待并时刻准备迎接新的挑战。

舟至中流，不进则退，唯奋楫者，方能破浪前行！

一、学以致用，知行并进

踏实学习知识，夯实学业基础，一直是我在大学期间的首要目标。对我而言，寻找适合自己的学习节奏是相当重要的——课上认真听讲做笔记，课后做练习查漏补缺，搭配网课资源持续学习，分析每一门课程的具体要求，重点攻克难点，分配合理的时间，有序完成学习任务。从大一、大二的大类基础课，逐渐过渡到难度更高的专业课，在不断的摸索中，我也找到了适应自己的学习方法。

不局限于会做题、能考试，而是力求懂原理、可应用——在学习过程中，更要注重实践应用，解决具体实际问题，有效融入自身已有的知识技能和学习方法进行总结梳理，结合起来形成完整的知识体系，为关联学科学习和未来职业发展打下坚实的基础。严于律己的学习态度让我取得了不错的成绩，并在专业分流时如愿进入了"飞行器控制与信息工程"专业继续学习。

优异的学业成绩，是我全面综合发展的基石与动力，激励我不断探索尝试其他领域、提升综合素质。上一学年，我的综测总分位列大类第一，同时劳动实践类分数也位于大类第一，学以致用、知行并进，我从600名同学中脱颖而出，力争上游。在新的一年里，继续巩固、深化发展是我的方向和目标，面对困难要有踏实肯学的坦然和自信，聆听内心的声音，迎接挑战，勇往直前，不断提升自己，把每一次学习机会转变为收获，把每一次收获转化为成功的强大动力。

二、敢闯会创，勇攀高峰

从大一起，我就积极参与到科研训练当中，以西北工业大学航空学院"顶峰体验计划"本科生科研训练活动为科研启蒙，在巩固专业知识的同时，不断拓宽知识视野，积极参加科研竞赛，结合专业学习成果的深化应用，持续激发双创潜能。

2022年，是我在磨砺与挑战中收获累累硕果的一年——五月的骄阳似火，从"挑战杯"省赛备战开始，临近期末考试，我只能尽力在比赛与学习中寻找平衡，熬夜和焦虑是常态，奋斗和坚持是状态。星光不负赶路人，从三航杯特等奖到挑战杯省赛金奖，是对这半年来努力和坚持最好的回报。

七月份，我的顶峰体验计划通过中期考核，一项国家级创新训练项目获优秀结题，最新立项的"大创"也被评为国家级创业实践项目，申请的多项专利也已下发证书，并在"互联网＋"大赛省赛中斩获多项金奖。

九月份，我们作为西工大唯一晋级团队出战厦门，参加由工信部主办的金砖国家工业创新大赛决赛，作为高校团队与中国建材、太原重工等知名企业在同一赛道同台竞技。

十一月，期待已久的"互联网＋"大赛总决赛由于疫情原因改为线上进行，虽然遗憾但难阻斗志与热情。我们在疫情下积极备战，学校和学院也为我们提供了细致指导和大力支持。决赛前的一周里，我们经历了数轮网络评审、现场答辩、一对一辅导打磨，经历了内容删减精炼、答辩稿重新撰写，甚至是整个演示框架、版式的推倒重制——最终，我们在"互联网＋"大赛的国赛舞台上大展风采，获国家级银奖。

年末，我们以黑马之姿闯进第十六届iCAN创新创业大赛总决赛，荣获全国一等奖，勇夺全年红，再创新佳绩，为砥砺奋进的2022年画上圆满句号。

从尝试科研走向科技创新，再到创业实践，在这一年里，我在团队协助和历练挑战中不断成长，兼顾专业知识和应用技能双提升，逐渐从一个小白走向成熟。2023年，我也将继续出发，再接再厉，创出风采，创出佳绩！

三、躬身实干，服务同学

聚焦主责主业，用心服务同学，是我在参与学生工作时始终坚持的原则。

2022年，是我加入航空学院学生会的第三年。从一个入学时被学长、学姐耐心引导的新生，到次年迎接学弟、学妹的老学长，再到迎新志愿服务工作的策划者，参与学生工作极大地提高了我的综合素质、团队协作和组织能力，也让我在丰富多彩的课余活动中结识了许多志同道合的好友。

积极发挥桥梁纽带作用，扎根同学做知心陪伴人。在六月份的学生代表大会之后，我担任了航空学院学生会执行主席。在校院党委、团委的指导下，主席团各司其职，相互联动，统筹各个部门充分发挥基础职能，为新生组织期末模拟考试，帮助考生查漏补缺；发放权益调查问卷，切实解决身边问题；组织各类文艺美育、实践活动，"七院联合"迎新晚会展现工大学子蓬勃朝气。

2022年，航空学院品牌活动——第二十三届"飞豹杯"航空知识竞赛首次实现了线上、线下同步直播，指导老师、主席团和各部门的小伙伴们相互协作、团结一心，赛前紧密筹备、大力宣传，为全校同学带来了一场强强对决的航空知识盛筵，影响力愈加广泛，也再次被评为学院一院一品活动，收获了同学们的一致好评。

四、青年有志，志愿为先

在志愿服务方面，我既是志愿活动的组织者，又是志愿工作的参与者。我曾担任航空学院团委志工部第一任负责人，制度化、规范化完善学院志愿服务体系。

自2022年初西工大疫情防控管理升级以来，我便加入了抗击疫情的青年志愿者队伍，在学院负责老师的指导和组织下，在宿舍封闭管理期间，我们持续招募志愿者，分别建多支志愿服务队，带动了更多学生参与到抗疫志愿服务队伍的行列中。病毒无情而人间有爱，公诚勇毅则战无不胜。其间各项工作进展顺利，志愿者参与积极性和热情度不断提高，圆满完成了疫情期间学生们的生活保障任务，高质量的志愿服务工作更是得到了师生们的广泛认可。

2022年，我的志愿服务时长超过530小时，同时多次组织开展大型志愿服务活动，在"五四"评优中荣获"战疫青年先锋"称号，作为队长获评"战疫青年先锋队"。面对疫情，我们同舟共济，守望相助。在志愿工作的参与中，我真正感受到了西工大青年学子们"奉献、友爱、互助、进步"的志愿服务精神，感动于志愿者们那一句句可靠而暖心的"我可以"。如今，笼罩在古城上空的阴霾已经散去，春天已经到来，愿山河无恙、长安常安。

五、读万卷书，行万里路

见之不若知之，知之不若行之。

在社会实践方面，我的经历丰富，成果突出。2022 年的暑期社会实践也是我连续第三个学期获评优秀实践个人，撰写的新闻稿多次被校内外媒体报道。社会实践指引我走进社会、感悟生活，是对校内学习的补充和延伸，我也将立足新起点，着眼中国发展新跨越，在新的主题和时间节点再次起航。

六、追梦而行，任重道远

对于未来，我想用两句话来进行概括——向下扎根，夯实基础；向上生长，勇攀高峰。

我将扎根学习，汲取理论力量，保持成绩的稳定，在未来的半年里确定好研究生阶段的方向和规划；我将扎根实际，汲取实践力量，以全心全意为同学服务为宗旨，最后在航空学院学生会大家庭留任的半年里，圆满完成学院交给我们的任务，留下属于我们这一届推陈出新的独特痕迹。

同时，我将向更远处走，向更高处走，继续参加各类竞赛，继续投入到志愿服务、社会实践中去，培养社交能力，尝试新鲜事物，开拓视野眼界，在更高的山峰上迎接挑战，在更大的舞台上展现风采，用无限的激情和勇气，把梦想转化为现实。继往开来，在当下全力以赴。锐意进取，在更为宽广的天地中放歌。

事辍者无功，耕怠者无获——哪有把船划到江心就弃桨投江的道理？唯奋楫者，方能破浪前行。

> **评语**
>
> 李奕辰曾担任航空学院学生会执行主席，作为学生负责人组织开展了"飞豹杯航空知识竞赛"等品牌活动，广受师生好评，同时综测成绩大类第一，获得国家奖学金、双创之星称号等表彰，获得多项国家级奖励。这篇总结既是对过去成绩的总结，也是对将来深化发展的思考。期待他在未来的道路上不断成长、不断进步，取得更大的成果。
>
> ——西北工业大学航空学院团委书记　李祖鑫

从迷茫、恐惧到向光而行

陈帅铭　西南交通大学力学与航空航天学院

回顾大学第一学期的旅程，我想到一句诗："我有迷魂招不得，雄鸡一声天下白。"为什么呢？且听我细细讲来。

一、大学和高中的不同

初入大学，我的第一感觉是迷茫，因为大学与高中有诸多不同。

一是考核指标的不同。相较于高中分数为王的单一评价方式，大学的评价体系显然更加多元化，在智育的同时也注重了德育、体育、美育、劳动育人等方面的考核。在这种考核方式面前，一门心思地"做题"显然不足以独占鳌头。今年学校学生个人最高荣誉"竢实扬华奖章"的答辩，我就看见一群全面发展、履历让人大受震撼的学长、学姐。从那天开始，他们就成了我前进路上的一道光。

二是生活元素的不同。与高中学习、学习、再学习的刻板单一的日程截然不同，我们的课程表再也不是满满当当了，空出来的日程可以参加大学校园里丰富多彩的活动，可以成为任何我们想要成为的模样。活动不是玩，是另外一种提升。我们不仅仅要答出试卷上的答案，更重要的是在每一天的学习、生活中，找到真正有价值且适合自己的一条路，去给出自己人生的答案。正如我们"大学之道"课程孔祥彬老师所讲，要提高自己的"觉解"水平，完成从有我到小我到大我乃至无我境界的提升，去活出生命的价值和意义。

二、我的2022年大学总结

（一）进取点点星铺路，步履稳踏自茫茫——初学大学课程

作为一名黑龙江考生，正如进入拔尖班面试时老师问我的："你的高考成绩和其他同学相比并不是很理想，你怎么看？"虽然当时我看似平静地说一定会加倍努力，会跟上他们的步伐。但我的内心其实还是在打鼓的：别人来自高考大

省，都非常优秀，我仅仅依靠努力是否就能达到别人的成绩？这种恐惧带给我的只有焦虑。这种状态持续了一段时间，我尝试不去想能不能超越别人，而是专心学自己的东西，和自己较劲，先把事情做起来，焦虑就减轻了许多。

相较于高中，大学生活中自学的比例大大提高，也对我们的自学能力和付出提出了新的要求。正如数学分析课上黎定仕老师所说的那样："付出别人两倍的努力还学不明白的话，就三倍、四倍……直到彻底理解为止。"于是在这半年里，拔尖班培养基地成了我的第二宿舍，凌晨一点的校园不会忘记我点滴的努力，终于我在期中考试取得了比较理想的成绩，这也打消了自己心中的恐惧。只要奋力进取，点点星光自会铺路，我的步伐便自会稳重不慌。

（二）百尺竿头不动人，虽然得入未为真——投身班级、学生组织

进入拔尖班，我竞选上了团支书一职，并满腔热血投入其中——积极带动班委组织各项活动，为大家开办团课、团日活动。记得有一次联合力学专业新生班级团支书共同策划团日主题讲座，虽然因为疫情原因没有成功举办，但是和大家策划组织的过程令人难忘，在其中我也学到了很多，收获了很多。现在正在和班委组织开展的假期"青春一起来"计划，希望可以为班级团结和拔尖班带动作用发一点光、出一份力。我和班长、学委还去看了今年的学校班级最高荣誉"忠忱班集体"答辩，让我意识到作为团支书我做得还远远不够，更要加倍努力，和其他班委一起把班级建设成 2019 级力学拔尖班那样优秀的集体。

学生组织方面，学院提醒不要超量，所以我仅加入了一个学生组织——力航青协。作为宣传部的一员，我参与了通知的撰写和公众号的排版，在其中学会了剪映、PS、秀米等软件的使用，但我自认为对活动仍存在实用主义的倾向，参与积极性还有提高的空间，应该更积极地投身到集体活动之中。

（三）自伐者无功，自矜者不长——我的不足和收获

我认为 2022 年最大的不足——成了一个懒惰又认真的人。

我平时做事是认真的，对自己要做的事情有着高要求，做不好就会有负罪感；但又因为身上的惰性，有时宁可不做也不想敷衍，所以总是不开始。在这两种心态的作用下，规划不清晰，对时间没有充分的利用，我的拖延症就一直反复作祟，总是马上到了截止期限才开始着手去做，直到最近看到了扎克伯格办公室的标语"比完美重要的是完成"，只要着手去做一件事情的时候，想法才能变得逐渐清晰，想法和行动的距离是一点点的懒惰和过度的负罪感拉开的。

我认为 2022 年我最大的收获就是学会如何面对恐惧——进入一个完全陌生的环境，心中难免会有所恐惧，但不被恐惧所拖累的方法就是投身奋斗，相信功不唐捐。一直面对恐惧而不去努力只会让自己越来越焦虑，最后陷入越焦虑越没有动力，越不去做就越焦虑的恶性循环。先把事情做起来，不去和别人较输赢，只与自己比长短，带着和自己比拼的心情，才能从容地战胜焦虑，勇往直前！

三、 我的 2023 年年度计划

（一）且将新火试新茶，学习竞赛都开花——学习计划

竞赛是 2022 年我觉得最可惜的事情，在其他同学积极参加新生杯数学建模的时候，我因为还陷在对自己能不能跟上班级的自我怀疑中，放弃了这项竞赛，导致后面想参加这项竞赛时，没有实战经验，也很难找到合适的队友。

所以 2023 年，我要积极参加科创，努力积累参赛经验，尽可能获得让人满意的排名。目前已经组队报名过的竞赛有：大学生服务外包创新竞赛、全国大学生"创新、创意及创业"挑战赛。后面预计要报名的竞赛：上半年的数学建模和下半年的 SRTP。我会努力平衡学习和竞赛的时间，利用假期对下学期的知识进行提前预习，减轻下学期的学业压力，力争做到"学业竞赛两开花"。

（二）珍惜平日韶光贵，不待扬鞭自奋蹄——生活计划

2022 年摆脱了高考的压力之后，我的生活作息就越来越紊乱，甚至有作息颠倒的情况。我知道这对我的身体健康和白天的课堂效率是严重不利的，所以我决心调整自己的生活作息。没有重要且紧急的事情就固定时间早睡，尽量将时间分配得更合理，充分利用白天的时间来完成重要的事。要做好时间规划，从月计划、周计划到日计划，做到时间有规划，克服拖延，心中有数。

（三）雄关漫道真如铁，而今迈步从头越——2023 年计划总结

2023 年要坚持的几个原则：

要努力，不能拖班级和团队的后腿；

要坚持，不能半途而废；

要实践，不能让自己的计划流于纸面；

要运动，身体不能出问题。

2023 年要养成的几个习惯：

早睡早起，养成规律的作息；

敢于挑战，面对机会好好把握不露怯；

每月至少读一本书，静下心来仔细感受；

做清晰的计划，从月计划、周计划到日计划，避免顾头不顾尾。

2023年要实现的几个目标：

利用小长假进行一场旅行；

全国大学生服务外包创新竞赛争取过初赛，到西安答辩；

全国大学生"创新、创意及创业"挑战赛争取拿到省级的奖项；

SRTP争取突破校创；

参加三下乡、暑假宣传等志愿活动；

提高成绩，争取拿奖学金；

大胆扩展自己的社交圈，为人要谦逊。

新的一年，心中充满期许的同时，其实也还有点恐惧。但是正如曼德拉所说的，"勇敢的人并不是感觉不到恐惧的人，而是征服了恐惧的人"，我想2022年已经教会了我如何战胜恐惧、奔向明天，我将带着勇往直前的勇气和一往无前的信心继续向前，改掉2022年的不足，让明年回顾2023年的时候不留遗憾，成为更强的自己。

同时也要感谢力航学院和2022年遇到的所有人，无论是在学习还是在生活中为我指点迷津的老师、学长、学姐，生活中朝夕相伴的同学、亲人，还是只有一面之缘的陌生人……

未来不足惧，过往不须泣。2023年，向光而行！

评语　　陈帅铭作为力学拔尖班团支书和学院青协宣传部部长，既能组织好各项活动，又能积极学习保持优秀的成绩，还能积极参与SRTP科研项目和竞赛等重要活动。这篇总结展现了陈帅铭同学初入大学时从迷茫到坚定的成长之路上的思考感悟以及对自我的认知和规划，值得同学们参考。

——西南交通大学力学与航空航天学院副院长　李鹏

SHOW：一个普通学子的简单理想

叶飞扬　西南交通大学力学与航空航天学院

"本场考试已结束，请考生们立即停笔……"

北京时间2022年6月8日17：00，高考英语考试结束时刺耳的铃声，为我的高中生活画上了句号。夏日骄阳高照，一个期待已久的没有作业的超长暑假到来时，似乎也没有那么兴奋，取而代之的是内心对大学生活的憧憬和迷茫。

时光荏苒，白驹过隙。转眼间我于成年之际，担负起家人的厚望与前进的理想，踏入了大学的门槛。初入大学的殿堂，偌大的校园让我感慨不已，繁多的课程、接踵而来的事务令我应接不暇。仅仅体验了一个多月的大学生活，我便时不时发出一句发自肺腑深处的呐喊："这和我想象的根本不一样啊！"

一、我充实的2022年

即便大学生活繁忙而匆匆，却依然令我感到耀眼与充实。

（一）立志言为本，修身行乃先——提升自我

秉持着在奉献个人中提升自己的信念，我自愿参加学习委员的竞选并成功当选。这一个学期的任职期间，我努力做到不让同学、老师和自己失望，担负起学习委员的责任，从传达班联、老师的通知，到查收清点同学们的作业，每一项任务我都踏实完成，不留缺漏。除此以外，我还努力在学习方面保优争先，上课时成为第一排的坚守者，课余时成为图书馆的回头客，让自己在大学生活的第一场考试中，取得了令自己比较满意的专业第二的成绩。

（二）为有牺牲多壮志，敢教日月换新天——奉献自我

当然，仅仅保持自己的良好并不是一个新时代青年人的标准，让小我融入大我，让青春在团结奋斗中绽放绚丽之光，这才是我们的首要选择。为此，我热衷于分享自己的学习经验，并经常请教他人，交流学习方法，还乐于帮

助学习方面有困难的同学，在班级内部组织了学习小组，鼓励大家互帮互助，形成良好的学习氛围。另外，在课余时间，我还加入了力航学院的青年志愿者协会，并且多次参加青协举办的志愿活动，坚持在志愿活动中奉献自我，实现自身价值。

（三）不临深溪，不知地之厚也——反思自我

然而正所谓"数有所不及，神有所不通"，我在已经过去的半年的大学生活中，仍然有着不足与懒怠的方面。最要紧的就是我的老毛病——自律问题。我总是感觉自己在自律方面缺乏磨炼。举例来说，上课时，总是时不时地就想要拿出手机翻一下，虽然自己知道这样的行为不好，却无法控制自己。另外，下课时我会不知不觉就将重心偏移到了娱乐上，却对这种娱乐感到羞耻，导致一边自责，一边娱乐，让娱乐丧失了它原本的放松性，造成了真正的"玩没玩好，学没学好"。为了解决这些问题，我为我的未来制定了 SHOW 方法，以期在自我督促中实现个人的突破与进步。

二、SHOW 出我的未来

SHOW 意即展示、证明，我以自己的理解将它拆分为四个单词，用以 SHOW 出我未来的规划。

（一）Study for myself——学而为己

先贤有言："学则智，不学则愚；学则治，不学则乱。自古圣贤，成大业，未有不由学而成者。"人类学习的脚步是永不停止的。我们打小就听过父母、老师在耳边念叨："要好好学习，天天向上！"学习，对于我们中国青年人来说，不止于对自身的负责，更上升到对父母老师等关照自己之人的报答，乃至对国家社稷的建设理想。话虽如此，一味追寻崇高理想，步子只会越迈越空，成为白日空想家。为此，首先学会对自己负责、为己而学，是我这样的——无论是专业知识还是社会知识——各种领域方面的初学者对自己的首要要求。逝者如斯夫，不舍昼夜，2022 年已逝，2023 年，我首先做到学习为己而学。

为己而学，我认为这需要从以下几方面做到。

1. 对自己的上课质量负责，上课时设置手机上锁，做好笔记，保证上课成果在线。

2. 对自己的作业质量负责，不抄袭其他同学的作业，认真完成各科作

业，不懂的问题及时询问。

3. 对自己的收获质量负责，课后坚持巩固课上成果，除学院自组织的自习外，每周抽出五到六小时前往图书馆或自习室自习。

当然，漫无目的的学习注定是迷茫的，这也就是我接下来要说的第二点。

(二) Hunt for target——猎寻目标

塞涅卡曾言：有人活着却没有目标，他们在世间行走，就如同河中的一棵小草随波逐流。具体的目标——是人们活在这世间的具体追求，目标可小可大，但不可没有。倘若一个人的生活、学习、工作没有了目标，他就会变得不知所措，最终和行尸走肉又有何区别？身为大学生，没有具体目标的驱动，又何来前进的动力？

猎寻目标，我给自己提出如下要求。

1. 认真学习每一门课程，考试成绩保持在总排名院级前十，每科成绩保持在班级前五。
2. 参加科创竞赛，争取拿到校级奖项，努力争取省级奖项。
3. 积极投身志愿活动，一学期充当两次以上志愿者。
4. 坚持运动，每周坚持跑步5千米。
5. 保持良好的社交关系，踏实做人，为人谦和，继续学习情绪控制。
6. 探索成都，在假期去四川的多个城市旅游。

(三) Own the knowledge——识以为剑

"人有知学，则有力矣。"我认为，知识的重要性是不言而喻的。经常在网络和现实中见到形形色色的人，因为知识的匮乏，为谣言所蛊惑，酿成悲剧乃至灾难。抑或是网络上的"键盘侠"，因为对尊重他人以及社会素质方面知识的缺乏，堕落为人人喊打的过街老鼠。面对质疑，最有力的武器是知识的陈列，而不是歇斯底里的嚎叫。

而作为大学生，我正处于积累知识的最好阶段。无论是为我的未来铺砖引路的专业知识，抑或是为学为事为人而所必需的通识知识，我都应该不懈努力地收入囊中，为成为一个成熟、稳健、有力之人不断提升自己。

(四) Weep for success——喜极而泣

开始努力地学习微笑，开始努力地学习改变，开始努力地学习绽放，从学习到学会，会是一段很长的路，我们走得很慢，但终有一天是会走到的。以上种种，我认为倘若可以真正将之放于心中，踏实履行，终有一天，我会为自己的努力留下欢欣喜悦的泪水。

新的一年，新的目标，2023年，我来了！

叶飞扬同学这篇文章以一个大一新生的视角，展示了作者在新生入学第一学年的经历、成就和理想。文章通过描述自己在学习委员、青协志愿者等角色中的努力和奉献，展示了作者对个人成长和社会贡献的追求。同时，作者也坦诚地反思了自己存在的不足和懈怠，提出了通过自律、制定目标和积累知识来实现个人突破的方法。最后，作者强调了对未来成功的期待和努力将带来的喜悦。整篇文章积极向上，展现了作者积极进取、努力奋斗的精神和对未来的美好向往，值得给刚步入大学的师弟、师妹们学习借鉴。

——西南交通大学力学与航空航天学院辅导员　古定翱

求知之路，充实之年

刘海波　电子科技大学航空航天学院

不知什么时候，落起了春雨。轻轻地，听不见淅沥的响声，像湿漉漉的烟雾，轻柔地滋润着大地。宿舍楼下的花悄然开放，同学们都脱下了厚厚的羽绒服，恍然间才发现又一年已在不知不觉间溜走。还有一年半就要离开清水河了，是时候执笔完成自己当初立下的目标了。

2022年是极不平凡的一年，我们在磕磕绊绊中迎来了2023年，就像习主席在新年贺词中说的那样，疫情发生以来，我们始终坚持人民至上、生命至上，坚持科学精准防控，因时因势优化调整防控措施，最大限度保护了人民生命安全和身体健康。广大干部群众特别是医务人员、基层工作者不畏艰辛、勇毅坚守。经过艰苦卓绝的努力，我们战胜了前所未有的困难和挑战，每个人都不容易。

回望我的2022年，一切都在向着预想的方向发展，虽然偶有小插曲，但总体是稳中向好。在我看来，2022年可以说是是求知之路、充实之年。

2022年年初，我在学院罗钐老师的指导下开始接触科研。寒假期间，我自学了通信原理，阅读了很多里德堡原子相关的论文。2月份开学后，我开始每周参加组会，虽然师兄、师姐讲的我都听不懂，但我还是一次不落地参加了。4月，由于成都市要承办大运会，我们的教学安排压缩了两周，课业一下子繁重了起来，导致直到暑假科研上都没有什么进展。7月，由于之前的科研进展缓慢，我选择了留校，也迎来了我科研路上的第一个转折。7月初，罗老师找到我问我是否愿意跟她的师兄——英国埃塞克斯大学刘子龙教授参与科研项目。面临两难的境地，进则意味着我过去半年的科研之路白走了，一切都要重新开始，周期会更长，但是会发表更好的论文，大概率是SCI；守则意味着我继续当前的研究，但是下半年只能发一篇EI会议论文。我反复思考利弊，在罗老师的建议下，选择了向更高的目标迈进，跟随刘子龙老师从事SCMA的研究。

半年来，我和刘老师、罗渠师兄都是在线上交流，老师和师兄都平易近人、和蔼可亲。在他们的帮助下，我深入了解了 SCMA 和 CFO 的相关知识，寒假期间也有了一点进展，学到了许多新知识和技能，同时也对科研的过程和方法有了更深刻的认识。我意识到，科研需要严谨的思维和创新精神，更需要耐心和毅力才能攻克一个又一个难题。

学业路上，我不仅收获了好成绩，还收获了鲜花与掌声。大二学年专业课均分 93.949，创下新高，获评优秀学生奖学金、国家奖学金和航天奖学金。6 月份，我还通过了公共法语四级。上半年的工程创新与挑战课，我们小组的作品"知味调味品健康监测系统"获得了 Open House 金奖，并用这件作品申请了专利。

经常有人问我学习方法，但是我并不知道除了看书巩固基础知识和刷题提高知识的熟练度之外还有什么别的考高分的好方法。我并不觉得我有什么特别之处，因为看书和刷题是大家都知道的，并不是什么独特的方法。对于大学生来说，只要少浪费些时间在玩游戏和刷视频上，期末多刷题，考高分并不困难。

相比科研和学业，我的 2022 年竞赛之旅可谓是相当坎坷。上半年的英语竞赛以惨败收场，下半年的数学竞赛因为疫情的原因一推再推，今天上午才刚刚结束，而我考得并不理想。或许当初选择数学竞赛就是次优解，因为付出与回报并不成正比。那些千奇百怪的解题方法对于我这个毫无数学天分的人来说就像天书一样。但是在刷题的过程中，我是真的感受到了数学的美妙与严谨，推导过程环环相扣，容不得丝毫马虎。

2022 年暑假快结束时，我和父亲视频时发现，自从感染疾病之后，繁重的劳动已经让他体重直线下降，面黄肌瘦，灰头土脸。母亲既要忙着放牛还要忙着地里的活，身体更不好了。我不忍父母如此辛劳，就回家待了一段时间。恰巧四川省限电，又遇疫情，让本来只打算待 10 天的我在家待了一个月。每天帮父母把牛赶到山上，晚上再赶回家，让父母吃上热腾腾的饭菜，就是最幸福的事了。在我眼里，好成绩、奖学金都不如帮父母干点活更能让自己幸福快乐。

对于生在偏远山村的我和其他很多孩子一样，父母辛苦养育我们，希望我们出人头地。可当我们有一天真的飞到北上广深，甚至是远渡重洋，在更大的舞台上展现风采的时候，父母可能会一辈子都留在那个生养他们的小山村，佝偻着腰，伺候着他们的一亩三分地，平时也不敢打扰我们的生活，只有过年的时候能够享受天伦之乐。

我常会问自己："究竟是怎样的结局才配得上这一路的颠沛流离？"毫无疑问的是，若没有一路的颠沛流离，注定没有好的结局。我无法预测未来，但是在每个阶段都尽力做好，纵使结局不够完美，也问心无愧了。《孝经》有云："孝子之事亲也，居则致其敬，养则致其乐，病则致其忧，丧则致其哀，祭则致其严。"我无法做到许多，但是在校努力学习，在家为父母分担劳动，却是我能做到的。

回顾去年的目标，我只实现了一半，还有许多方面有待加强。

2023年，对于我来说是最关键的一年，上半年的科研，暑假的夏令营，9月份的推免都是不小的挑战。

新的一年我要做到以下几点：

1. 发表一篇EI和一篇SCI；
2. 成绩稳定在94分，顺利拿到保研资格；
3. 冲刺清北夏令营，争取上岸；
4. 自学Python和C++；
5. 每周跑步，锻炼身体。

在新的一年里，我希望自己能够更加专注，更加爱自己的朋友和家人，用心去生活和学习，勇敢地去面对困难。

> **评语**
>
> 刘海波同学大二就加入了我的课题组，十分刻苦努力，在完成繁重的本科学业并保持优秀之外，还能完成科研任务，达到了相当于硕士学位的学术水平。他一直都是专业第一，还拿过国家奖学金。他性格大方，日常交谈逗人发笑，课题组的研究生们都很喜欢他，这篇总结是他过去一年学习生活的结晶，值得大家阅读借鉴。
>
> ——电子科技大学航空航天学院副教授　罗钐

站在路口我想说

陈雨诗　哈尔滨工业大学航天学院

2022年对我来说是非常不平凡的一年。

这一年在6月被割裂成两种完全不同的生活状态：上半年来到新班级受到学习氛围的感染而思想逐渐转变，点灯熬油的夜战，任何事情都要为学习让步。也结识了很喜欢的朋友，我们互相鼓励共同进步，为了高考而奋斗。但是这种生活在6月8号就结束了，更准确地说，英语收尾铃声也意味着这段时光收尾了。空荡荡的两个月过后又会迎来全新的生活。其实高考成绩不算理想，恍惚是有的，难以置信是有的，然而错愕悔恨过后生活还要继续。再回忆起那段苦中作乐的时光更多的是怀念，没过多久但好像已经很遥远了。

备考过后是报考，作为本地人哈工大必然成为报考最优解。最初是摇摆不定的，也是无能为力的，然而平复心态之后我更多的是对工大的憧憬与好奇。当我渐渐和他相处下来，也渐渐习惯了他的节奏，我感受到，我推开的大门背后，是一个庞大而美好的世界。

一、旧岁月初摸索，来路懵懵懂懂

初来乍到，我和所有大一新生们一样，任何事情都是新鲜的。不得不说，"新鲜"是一个中性词，它不仅意味着新奇有趣不一样，也意味着需要摸索适应。

（一）学习

在大学，自律和自主性非常重要，好在学校也提供了方便的渠道，比如答疑环节，充分地为学生提供获得知识的途径。而且老师们也非常热心，下课后也会认真地回答学生们的问题。当然，要获得这些外界的助力，首先要自己有主动性，有一颗想要上进的心和一双付诸行动的手。

除了外界的帮助，自己内部的整理和消化也非常重要。换句话来说，要是想获得一个好成绩，课后的学习不可或缺。在课下，我会复习课上的笔记，从作业中建立知识和应用的联系。然后自己做思维整理，不断做题，提高熟练度。也正是因为有这样一些强迫症式的学习癖好，侥幸在期中考试取得了还算不错的成绩。而在接下来的期末考试我也认真复习，感谢学校提供的学长、学姐们讲解的复习课和模拟题等复习资料。

当然，学习也是需要计划的。当我想要认真学习时，我会安排给自己一大段时间，有时去图书馆或是去自习室，不过大部分时候都在宿舍里完成。因为宿舍内环境很安静，而且相对自由，况且学习"成本"很低，足不出户就能开始，所以宿舍一般是我的首选。我会安排出一大段时间，想好今天要学习的内容，然后一步一步完成它。我也在做完题之后整理错题和知识点，清扫不懂的障碍，好像有一种"学习洁癖"。不过我还是感激这种较真的劲头，让我尝到了努力过后的回报。

（二）生活

大学生活确实和高中生活大有不同。远离了父母，没有人督促我早起早睡，我不得不学会自律。当然自主学习并没有很困难，不得不说哈工大的图书馆提供了很低的门槛。那里学习环境非常优秀，安静且学习氛围浓厚，每个人都沉浸在自己的世界里，营造了一个良好的氛围。除此之外，为了作息规律我也会要求自己尽量早睡，尽量早起，给自己制订周计划，合理安排学习和娱乐，不让时间在不经意间悄悄溜走。起初计划的执行度很低，不过在我的努力下已经渐渐提高。

大学生活的自由度很高，我们可以选择自己感兴趣的社团、协会等，去结交志趣相投的朋友。但是这也意味着，没有一个像初高中班级那样的环境提供给我们强制认识新同学，而是需要我们主动社交，主动地选择靠近一个新的人或者团体。这也让我懂得了在社交中采取主动的重要性，努力地把自己锻炼成一个"社牛"。

与此同时，我也是第一次接触集体宿舍生活。和3个互不相识的姐妹因为缘分生活在同一个屋檐下，彼此作为共同生活时间最长的人，也是一种全新的社交体验。我们彼此的作息规律并不相同，生活习惯也有出入，在新奇过后不免有摩擦不和。这也教会了我如何正确沟通，如何正确表达自己的诉求，也教会了我如何磨合和改变适应。

哈工大尽管课业很忙，但相对高中来说多了很多自由。在有了更多自己可以支配的时间之后，我选择把课余时间交给了我的兴趣爱好们。不得不说我的兴趣非常广泛，比如吉他、画画、摄影。吉他应该是这个学期我花费较多时间的爱好了，文体中心有专门的练琴房，我常常抽出时间去那里练习。记得有一次我练习完准备离开，却发现外边飘起雨。等雨之际遇到了一个乐队，主唱学长和我攀谈起来，没聊几句，但是感觉很舒服，他鼓励我坚持练习，这是一段会让我记忆深刻的情节。适应大学节奏后，大约每周我会练习两次，尽管水平还是很一般，但也进步了一些。

其实过去我对拍摄有着一定的兴趣，也时常举起手机抓拍一些瞬间。后来加入了全媒体组织和电影协会，跟着学长、学姐们学了很多知识。比如全媒体组织过大家学习蒙太奇语言，相机的基本认识和使用，而且组织过大家进行活动拍摄。而在一次"时光掠影哈工大"的活动中，我投稿了一个名为《初秋迹》的作品，获得了不错的反响，收获了老师的好评。

电影协会也在筹备拍摄微电影，在寒假期间组织了编导、拍摄、后期等的学习和实践。借着这次机会，我接触了 Premiere，这好像是开启了我新世界的大门。我这才意识到原来的剪视频根本不配称得上剪视频（玩笑话）。从入门到剪出第一个视频用了大约一周时间，那一周可谓是从界面都看不明白到终于学会基本操作，知识密度非常高。同时有社团的朋友们互相帮助，互相欣赏，共同改进，还有学长、学姐们督促。我真的很喜欢这种氛围，大家为了一个目标而努力，虽然来自五湖四海各不相识，但渐渐拧成一股绳，自发地成为朋友。我觉得这种感受也是大学所特有的。

二、新气象新愿景，前途漫漫灿灿

新的一年已经到来，新的学期也近在眼前。作为喜欢立目标的人，不免要借这次机会展望一下未来。

展望未来不免要从回想过去切入。在过去的这一个学期里，我在学习上还有很多的不足，比如注意力不集中，有时会想偷懒得过且过。为了改善这一问题，我想下学期更多地去图书馆学习，或者约着小伙伴，让自己的学习不再孤独。我也可以尝试新的学习方法，找到最舒适的学习感觉，最适合自己的学习节奏。

除了学习，社交也是让我头疼的方面之一。其实我并不是很擅长和他人交流，所以朋友并不是很多。但是新的学期我希望能锻炼一下自己，多交流，多表达，交一些新朋友的同时，巩固和老朋友的关系。

我也希望提高自己的综合素质，把闲暇时间用在有意义的事情上。比如，我可以培养锻炼的习惯，不喜欢流汗就去游泳，做一些简单的运动。我还要继续学习剪辑，在一个爱好上挖深走远。或者不想动的时候就看看书、看看电影，随手画，并且我希望自己可以保持记录的习惯，无论是文字还是照片。我也会积极地投入年度项目中，做出一些小成就。

三、站在路口我想说

最后我想用一段写在成年生日那一天的祝福希冀，作为结尾：

希望自己坚持简单，坚持真诚，也要坚持底线，坚持脚踏实地；

希望能交很多的朋友，如果没有，那就交很舒服的朋友；

希望可以做喜欢的事情，如果没有，那就寻觅并扎根，成就会为喜欢加码；

希望自己常感激亲人朋友，感激每一个在意我的人，他们的爱让我感觉被抱紧；

希望可以找到"我"，或者是接受"我"；

希望即使以上都没做到，也要记得喜欢自己；

希望，明天常有希望。

评语

陈雨诗同学对待学业严谨认真，学习成绩在年级名列前茅；同时她还培养了许多兴趣爱好，在生活中全方面发展。这篇年度总结体现出一个高等教育接受者和未来的中坚力量应具有的良好品质：善于总结和复盘，以积极的心态解决问题，不断完善自我。这值得我们学习与借鉴。

——哈尔滨工业大学航天学院党委副书记　付梓航

玉兰树下，几多学思，一缕书香

刘峻铭　大连理工大学运载工程与力学学部

　　初入大学，不适应是难免的。但是短短的大一上学期，因为疫情的阻隔，适应的过程在无形中变得十分漫长。作为土生土长的大连人，我也曾在大工的校园中徜徉，却因为疫情无法来到这个距我只有 7 千米的学府。

　　因此，当我到校上课时，我最直观的感觉就是不适应！一众人挤在一个教室里，讲台上只有一位老师，也没有高中时特定的互动和凌厉逼人的约束，很多时候我可能会选择更轻松的听课方式。在记录笔记的同时，我也会在课间快乐地摸鱼——和旁边的同学聊聊天或者稍微眯一会儿——无论怎样，心理压力比高中会少了不少。可是我犯下最大的错误便是低估了大学的学业难度，这也为后面提及的成绩危机埋下了伏笔。

　　不适应的不仅仅是学习，还有生活。我习惯于下课跑去食堂的日子，也习惯于吃一口饭菜就回教室继续学习的时光，然而这一切都变了。下课之后，人潮涌动的食堂让我眼花缭乱。当我看到身旁的学长们说说笑笑地买好饭菜准备离开，我只能站在队伍的最后。在那么一瞬间，也会感觉到自己在这样庞大的一个学校中是多么的渺小，不值一提。过往的那些名誉，那些习惯也都烟消云散。

　　我曾经很固执地认为，在大学拼了命的学习是一种多余。当我能够准确地解出课后题时，我便认为我彻底掌握了知识点，因此我会选择放弃图书馆（因为太远了懒得去）而选择在寝室和大家一起学习。毋庸置疑的，讨论确确实实增进了我的学习效果，但是我从未想过这种效果难以达到我的预期。因此，当期末考试成绩出来的时候，我面对着极其不理想的结果久久不能平静。我自认为的理解只不过是最低标准，我也逐渐明白了如果想增进自己的学业，就必须在所有的基础上更加深入，而这一切的疯狂便是从大学的假期开始。

　　起初，我听说的大学假期是充满了忙碌和各种活动，我自己还不相信，认为大学假期不会和高中一样疲惫。然而，面对着众多的实践活动还有母校行活动，我选择了最极端也是最适合我的处理方法：全盘放弃。我的辅导员老师曾和我说，在大学最重要的仍然是学业。如果学业不精进，那一切都是多余的。因此，我开始全面投入学习，积极学习上学期落下的知识。逐渐地，我也意识到，在大学阶段很多老师给我们的要求只是最适合很多人的最低标准，而如果想进步，就要更高标准地要求自己。因此，我越来越意识到自己已经处在了风口浪尖，而这种压迫感不断地推动着我前进。

在忙碌的假期过后，新的学期开始了。奇妙的是，这个学期刚开始的时候，我竟然有一种松懈的错觉。在发觉事情不对劲之后，我当即制订了详细的作息时间表，又把闹钟提前了半个小时。我知道我的同学们都在晚上熬夜卷，但是我更喜欢踏着晨光在清晨伏案学习。与此同时，我开始更加积极地参加各种活动，减少了怨天尤人的时间，让自己的每一天过得更加充实。虽然很累，但是这种充实的感觉也让我觉得很有意义。

就在刚开学时，我了解了一个叫"大创"的词。当我能够真正理解这些事情的时候，我发现比我更加优秀的人已经开始从事这些活动了。而落后并不是我性格中的特点所允许的。我开始更加努力地去参加多种多样的活动，无论是参加讲座还是参与递旗活动，每一次经历都是在磨炼我，也让我更能体会到活着的意义。

我的观念又一次转变了过来。大学确实要学习，但是也不全是学习。我逐渐地开始和同学们一起吃饭、一起玩游戏。为了起到更好的带头作用，作为班长，我在运动会中勇敢挑战自己的极限，也不会像之前一样无所事事。当有同学为班级跑完田径比赛呕吐不止的时候，我会把他背回寝室，用心照顾。渐渐地，我发现，我不再是作为一个名叫刘峻铭的个体存活在这个世界上，我的身后还有整个班级，我要为这个班级承担起足够的责任。

再往大了说，学部、学校都可以是我服务的对象。因此，无论是志愿活动还是班级的红烛讲堂，我都积极开办。同时，我也注意到很多活动并没有设定奖项，我会和班委会商量通过班费为大家购买奖品。可能有的时候，我忙了一阵子发现并没有给自己带来什么，但是当看到大家对我的认可时，心中的激动还是无以言表的。

于是，在这个档口，我终于立下了更宏大的志向。不只是我一个人，整个班级都应该以一种积极向上的姿态继续发展。我要更积极地和班委沟通，为同学们谋取更多的便利，同时也关注自身，积极开展各项活动。目前我的实践团也正在如火如荼地进行着，运动会的表彰也正在积极筹办。我知道，未来可能会有很多艰难险阻在等待着我，但是我不再感到恐惧或者迷茫。因为我知道，当我明确了自己的方向，无论是多么复杂、多么困难的事情，我都会克服它；无论是多么恶劣的暴风雨，我都能见到彩虹。

可能这份总结并没有多么华丽，但它见证了我半年来的巨大变化。纵使已经处在保研的关键时刻，我也会用一苇可航的姿态去积极面对，成就更好的自我。

> **评语**
>
> 作为运船2203班班长，刘峻铭同学有着很强的领导力。在大学阶段，看到他快速的适应大学生活是很让我欣喜的。这篇总结能看出他在大一阶段不断发现问题、完善自我的过程，也能体会到他对生活对学习对工作的热爱，这种积极进取的精神值得我们学习。
>
> ——大连理工大学运载工程与力学学部辅导员　孔嘉昊

少年与爱，永不老去

李佳豫　华中科技大学航空航天学院

无法否认的，我曾经幻想过很多次，2022 年的样子：

在有了"年龄"这一概念的幼时，我幻想着，在这一年，我会年满 18 周岁，应该会长大吧；

在以 2016 届毕业生的身份参加中考时，我幻想着，在这一年，我会参加一场高考，应该会迎来人生第一个大的转折点吧；

在第一次离家翻越秦岭去往省城读高中时，我幻想着，在这一年，我会经历天昏地暗的高三，应该就是木心所说的"吃苦也像享乐式"的日子吧；

…………

此时此刻，已过岁末，新年伊始，癸卯兔年。

我开始想着年度总结，该总结什么才能匹配这个容纳我高三和大一的 2022 年呢？

从古至今，很多人把时间比作长河，这句话总归是没错的。每个人都撑着自己的一叶扁舟，在一条名为"岁月"的长河里跌跌撞撞，然后经过万重名为"人生"的山。

一、我的"逗号"高三

（一）我们都曾初配行囊，远眺烟波浩渺

才过了不到一年的光景，再提起"高三"却多了一种恍惚感。

每个周日下午所能拥有的六个小时的"周末"；天天下午从不缺席的测评练习试卷；隔周一次的全校模考、市内统考、联盟加考；一走神就跟不上的板书；做不完的试卷、背不完的定理和纠不完的错……当然，还有一次次在跌宕起伏的成绩上找寻那一份易走失的自信，历经万难好似寻宝般才能收获满满的成就感。

这是一段马不停蹄的日子，千般荒凉，万里蹀躞。

停课复习之后，压抑和紧张在静默里，随着沙沙的落笔声愈加膨胀，挤在教室的一方天地中，压得喘不过气。一遍遍地刷题保持手感，一次次地复习查漏补缺，接近机械的冲刺阶段，一点一点地消磨着我所有的斗志与热情。望着不断减少的天数，既盼着那一天快快到来，又担心自己依旧有所疏漏，倦怠与焦虑就一直攀在心房，隔绝了光。

　　但这又是一段炙热滚烫的日子，织就锦绣，期冀未来无尽的美好。

　　彼时，窗外有风，笔下有前途。左手压卷，右手执笔，低头是题海，抬头有未来。关关难过关关过，事事难成事事成。

（二）也都将化鲲为鹏，翱翔千仞凌霄

　　2022年陕西省全国乙卷。

　　三年在外孤身求学的努力，又或是十二年寒窗磨的一剑，很简单又很庄重地由四份试卷做了评判。

　　说没有遗憾肯定是假的，说不甘心也是真的。

　　全新的语文题型，难度异常之大的数学，恼人的理综与不算简单的英语……但这番，却再也没什么改错、订正、总结经验的机会。数学各种题型的压轴全没做出来，英语本该拿到分的完型阅读结果错了6个……估分的时候切切实实有了五雷轰顶的感觉，因为在那一刻，我发现自己所有的努力和坚持，被现实狠狠扇了一巴掌，不堪一击。

　　不过现在再回想起来，上帝终究会眷顾努力的小孩，所以我才有幸，能压线来到华中科技大学，来到航空航天学院。

　　说起填报志愿的时候，也发生过很多插曲：妈妈让我报西交，因为毕竟在西安已经待过三年；爸爸让我报北师，因为家里已经是三代教师了……

　　但我不愿。航空航天是我自幼时起仰望星空、畅想宇宙时发芽、生根的梦想，像一株不断向上生长的藤攀，附在我的心壁，宣示着我的执拗。人这一生，就如蚍蜉之于天地，总是要坚持点什么，待回首的时候才会觉得值得。

　　何其荣幸，这一次，我可以在华科航院里，满怀赤诚与热情，踏上星辰的征途，奔赴下一趟山海。

　　"每个人都是单枪匹马在闯荡险象环生的人生，一念起，风生水起，一念落，万劫不复。"而这些，都是自己选择与坚持的结果。毛姆说过："你终究会成为你正在成为的人，你的每一个选择都是来自你人生意义的诘问。"或许，不是所有的坚持都有结果，但总有一些坚持，能从冰封的原野里，培育出十万朵怒放的蔷薇。

二、我的"前引号"大一

(一) 征途虽远,愿你我肩挑日月,披挂星光万丈

大一和高三,不过是两天高考,再加上三个月暑假的距离,但却完完全全是两段截然不同的阶段。

我是一个很慢热的小孩,无论是学习还是生活。所以这匆匆而过的半年大学时光,于我而言,我并没有能够很好地适应。

> 学校

"浩浩楚江,巍巍喻山,斯有学府,誉满九州。"

这里很大,几乎在很长的一段时间内,没有导航,实在是寸步难行。去哪栋楼,去哪个中心,接到消息后第一件事情就是打开地图。

在第一次的"定向越野"活动中,我和舍友们一起骑着单车打卡校园的地标建筑,同时也在心里,默默描绘着与华科初见的模样。

我喜欢这里的"森林"。盛夏还未消退,秋也没添多少凉薄。一路上,初秋的阳光闪烁着四散的微芒,有耀眼澄明的色泽和熨帖温暖的味道。各种的树啊花啊草啊,蓬勃着生机,满目的绿意随着单车的前进而漾在眼底流动。梧桐雨,梧桐语。

我喜欢这里的学术氛围。无论是在图书馆、教室、教学楼走廊、活动中心、咖啡厅,都能看见无数沉浸在学术海洋里的身影,他们没有说话,却好像又说尽了"明德厚学,求实创新"。

我喜欢这里温柔的老师们和善良的学长、学姐们。初来乍到,全新的环境最易滋生焦虑和不安,关于未来,关于以后,也总有无限的迷茫。可是,还未入校,就有迎新学长、学姐答疑解惑;甫一进入校门,有热心的"蓝马甲"志愿者们前来帮忙;在宿舍安顿好,校长、学院党委副书记、辅导员以及各位老师们纷纷送来第一份关怀……

> 军训

为期 14 天的军训考验。

晴空伴随着高温预警,风也沉闷凝滞。时间就像宣纸上一滴凝固的墨,越用力,越无法擦除光阴流逝所形成的拖曳的印记。一言一行,一举一动,向着最规范最严格的标准看齐。所谓磨砺,所谓坚韧,如是而已。

日色西沉，夜色渐浓，空中闪着几颗星，灼灼的，又摇摇欲坠。偶来风来，撩动一片静谧，于是拨开了夜幕里的欢声笑语。或唱歌、或跳舞，没有伴奏，只是最纯净的最嘹亮的声音，悠久而绵长。所谓情谊，所谓欢闹，如此而已。

➢ **课业**

与之前的日子相比，差别最大的，就是课业学习了。没有固定的班级，也没有固定的学习课表。我还记得自己第一次在西十二的教学楼里，因为找不到教室而迷迷糊糊地横冲直撞。

高中前前后后准备一年来迎接一场考试，可大学仅三四个月就要你炉火纯青。微积分尚且还能找到一丝丝中学数学的影子，可如工图、C++、线性代数这一类课程，我却是完完全全摸不着头脑。英语虽说学习内容差别不大，但是更加像一门语言学科一样，主要在"听、说"而非过往一直刷题锻炼的"读、写"。

不比高中，此时的我有着极高的自由度，这也是对我能否做到自律的极大考验。课后再次复习课堂 PPT，自己拟订计划完成课后习题，向老师寻求答疑解惑，不能怀有一丝一毫的侥幸心理而草草搪塞……

所幸功不唐捐，期中考试的微积分，我收获了一份时隔许久的满分试卷。

一步一步踏踏实实地来，总归会逐渐跟上队伍，找到自己的节奏。只要心中的浪漫不死，眼里的赤忱不减，慢吞吞的小孩总会找到属于自己的炽热燃烧的玫瑰海。

➢ **学工**

因为想要更全面地锻炼自己，当然也很感谢辅导员和班主任对我的信任，我成为班上的一名团支书。收缴团费、处理团员档案、督促同学按时完成"青年大学习"、每月举办主题团会、做好活动记录总结、沟通其他班级筹备特色团日活动、学习二十大……众多任务，这是我第一次切实感受到自己肩上的责任。

同时，大一上学期我同样也是校团委组织部综合管理办公室的营员，参与了素质拓展、干训、全体大会等校级活动的策划与筹备。

多管齐下，可惜一个人不能分身成两个、三个、无数个。如何协调好自己一天仅有的 24 小时时间；如何与同学沟通交流调动他们配合的积极性；如何保证细小的工作细节准确无误……这些都是我在这半年内除了课业，逐渐学习积累的人生课题。

（二）问道多艰，愿你我逐梦前行，不负青春年华

航空航天是我幼时的梦。

小时候，因为爸爸支教工作的缘故，我也一起来到镇上，并在那里度过了小学时光。课业轻松且愉快，自然而然地有着更多的与自然接触的机会。每每夜幕初临，我便会坐在学校的操场上，抬头，满眼璀璨星河映入眸中。丛星明灭，它们闪烁着、跳跃着、欢闹着，而我就撑着脸望着、迷醉着、遐想着：那嫦娥是否在宫殿里独自翩跹，步步生莲踏碎了月光？庭院上的桂树是否也会暗香萦绕，编织着沉沉的痴梦？课本上的故事固然生动盎然，却终究是无可触碰，是人亦是仙，那层朦胧的厚重的面纱亦是无法揭开。"要是能亲临其中就好了……"如此想着，"飞天梦"亦发芽、生根。

初中我来到城里。那些灿烂耀眼的星星在城市已是罕见，犹记那星如波，那空如海，那样的星空是人间江海的倒影，涌流绵长。我初次接触到物理和地理，星星由夜凝成的露珠，如兰幽泣的抽象形象，逐渐具体化为与我们相隔数亿光年的恒星星球。对星空的热爱随着知识的不断积累，也逐渐变为对航天事业的热爱。

我始终认为，任何与天空、与宇宙相关的事物都是极具浪漫色彩的。北斗连珠悬倒匙，织女牛郎遥相望，这是一个民族梦的开端，是诗情偏爱的领地，是笙歌常恋的意境。它们是浩瀚的，与宇宙相比，人们不过是沧海一粟，蜉蝣一世；但它们同样也是渺小的，但在孩童的眸子里，就已然映数亿颗。

立于此日，兀自回首，我亦无悔。因为这是我选择的，离星空最近的一条路。不再囿于通过文字和图片的单纯的想象，而是真正可以凭借积累的学识，去努力揭开它神秘的面纱。从古至今的历代航天人，无一不心怀赤忱与坚定，拥有征服宇宙的理想和勇气，便再次一心向前，不争日落，只争朝夕。

接下来，我希望自己能好好学习课业知识，顺利通过四级考试，处理好团委工作，同时我也报名了赵觅老师所带领的"超高温材料"大创项目。我还希望自己可以报名更多的志愿服务活动。上学期只是参加了寒假的"回访母校"活动，可以的话，暑假我想尝试支教，用另一种方式继承教师的"家业"。

撑着我的一叶小舟，难免会有触礁风暴，难免会有帆破桅弯。可我们滚烫沸腾的青春会在风雨中愈发清澈，冲刷着"平庸"的标签。

"少年"二字,本就明媚热烈,恣意张扬,当就与"平庸"相斥。

一山连着一山,山山漫漫连成关。

如同西川所说:"唯有远方花枝绚烂,唯有那光中的马匹一路移行,踏着永生的花枝,驮着记忆与梦想。"

有一天你回头望的时候,轻舟已过万重山。

> **评语**
>
> "鲜衣怒马少年时,不负韶华行且知。"在这一年里,李佳豫逐渐适应大学生活,既作为班级团支部书记处理学生工作,组织相关活动,也在学习上取得专业第一的好成绩,在多个领域均有所收获。这篇年度总结记录了作为高考生拼搏进取的峥嵘岁月,和作为大一新生懵懵懂懂的探索时光。希望接下来的日子可以保持热忱,追风赶月莫停留。
>
> ——华中科技大学航空航天学院副教授 彭洋

行远自迩，前行必有曙光

阿丽耶·阿西木　南京航空航天大学航空学院

时光流逝，转眼间充实且美好的 2022 年已经结束，踏入了 2023 年。

回顾 2022 年，这是疫情与生活、学习并存的一年，收获的不仅是岁月，更是成长与感悟。疫情虽限制了我的脚步，却阻止不了我进步的决心。在这一年里，我本以为我啥都没干，没想到一复盘就发现我做了很多有意义的事情，比如参演了校庆 70 周年晚会、参与志愿服务等。总的来说，这次复盘的机会，让我真正认识了自己，并能够总结经验、吸取教训，更好地迎接新的一年、新的挑战。

一、回眸 2022 年，认识自我

"行远自迩"很好地诠释了我的 2022 年。这一年，踏出了舒适圈，向自己发起了挑战，坚持不懈学习新的知识和技能，参加各类活动，让大学生活更加精彩。

（一）学无止境，勇攀高峰

我的长辈都是农民，他们用洁白的棉花把我送出了塔里木。我的父亲曾语重心长地对我说："不管家庭条件如何，对于学习这件事，我无条件地支持你，我会支持你一直读下去。"努力不负有心人，在党和国家的好政策下，16 岁的我收到了内地高中新疆班的录取通知书。于是，我带着梦想，带着家里的期望，离开了家乡，坐了三天两夜的硬座，到达了哈尔滨的内高班。在这里，我和一群来自新疆的同学们一起生活、一起学习，从中考倒数第三最终变了高考前三。

来到南航，本以为作为高中"佼佼者"的我，在大学能一展身手。没想到，一进校就陷入了自卑，我在迷茫中思索着自己的未来，我要成为一个什么样的人？我想起了父亲的那句话，不管前途如何艰辛，我绝不会放弃！我知道自己的学习基础很薄弱，而且大学上课节奏跟高中完全不同，难免会产生焦虑，在焦虑中迷失了自信。通过大———年的努力，我觉得自己已经适应过来了。但在大二下学期和大三上学期，很多专业课的难度加大，甚至有几门课出现了听不懂的情况。为了跟上老师上课的节奏，我每天坚守教室，一遍遍听网课，去旁听其他班的课。在老师的耐心教导下，加上自己的努力，勤能补拙，目前总绩点3.4，获得了学业奖学金二等奖、优秀学生奖学金三等奖等荣誉。

学习方面的几个优点：

1. 制订计划并每天晚上复盘；
2. 学习的时候集中注意力一个小时以上；
3. 喜欢学习。

学习方面的不足之处：

1. 拖延症患者；
2. 心里有事根本学习不了；
3. 偏科严重。

（二）知行合一，躬身实践

学习教科书上的知识是远远不够的，作为一名大学生，更应该重视德、智、体、美、劳全面发展。学习之余，我加入了"彩虹驿站"，有了一群像家人一样的小伙伴。过去两年半，我从参与者逐渐变成组织者。2022年暑假，我带领"彩虹驿站"，返乡开展社会实践，走进学校、走进社区、深入基层，开展航空航天知识科普，讲授主题团课，将知识带给孩子们，将梦想带出大山；通过实地走访、座谈交流、深入乡村振兴工作一线，体验基层工作的艰辛；通过参观航空工业遗存，重温奋斗篇章，赓续红色基因，传递蓝色梦想；在田间地头，亲身参与劳动，通过家乡的传统美食、特色建筑、民族风情等，展示了多彩民族文化，为自己的家乡"代言"。

在"彩虹驿站"民族学生工作站暑期社会实践过程中，我成长了不少，收获颇多。我负责实践活动的开展，做好了前、中、后期工作，提升了自己的组织能力。此外，我自学推送排版、视频剪辑，都是一步一步琢磨出来的技能。在学到新技能的同时，我磨炼了自己的意志和耐心，提升了探索能力。

我加入"航小宇"工作室，自学PS制作海报。在去年担任美工部副部长职位，寒假1月份讲授了PS教学课。疫情"封校"期间，为了丰富同学们的课余生活，我组织同学们在灯光广场一起跳新疆舞。除此之外，我还参加了各类体育活动，也拿到了一些成绩，在校第六十届运动田径会上获得了女子跳远第八名。虽然我不是什么专业的运动员，但我很热爱运动，还参加了"寒露杯"排球比赛、"五四"接力越野赛、校运动会的接力赛等。

去年 8 月份，我参加了核酸检测志愿服务，主要负责录入被测人的信息。连续三天，我感受到了医护人员的不易，由衷地敬佩那些前线医护人员。我也多次参与食堂防疫监督工作，为防疫工作做出了微不足道的贡献。同时，我参演"艺"舞抗"疫"短视频宣传片，相信终会迎来摘下口罩春暖花开的一天。

去年，对我来说最有意义的事情就是参演校庆 70 周年晚会。我很喜欢跳舞，在大二下学期选择了杨丽丽老师的舞蹈公选课，随后成功地加入了校艺术团。每周四 12：30 到 13：00 在舞蹈房练基本功，偶尔在晚上训练。虽然每次训练很累，但我依然坚持。每次训练后我再去学习，这时的学习效率明显提高。

这些看似平凡的事情，坚持下去就不平凡了。

在这一年里，我认为我有进步的点是：普通话有所提升，心理素质也有了不少的提升。其实，我以前上台发言的经验少，害怕上台发言，但今年参加了几场公开答辩，在其中不断地锻炼自己，而且在辅导员吴静文老师的耐心指导下，有了很大的突破。

二、展望 2023 年，成就自我

2023 年，这是一个拼搏收获新阶段的开始。少年灿若阳光，笃定且无畏，我即将奔赴考研的星辰大海。希望在新的一年里迎接新的挑战，成就新的自我。

（一）踏实践行，实现自我

1. 专业课程的学习能够继续保持稳中向好的趋势。
2. 英语学习有所突破（过六级）。
3. 拿到驾照。
4. 走出校园，开阔眼界，记录美好瞬间。
5. 保持好兴趣爱好。
6. 锻炼身体。

（二）迎接挑战，完善自我

1. 治好拖延症（每日制订计划不超过三个）。

2. 调整学习方法（每两个星期复盘学习情况）。
3. 参与科研竞赛。
4. 学习新的技能（机械学习）。
5. 考普通话等级证书。

  无论是怎样的结果，都不要放弃，要对自己、对未来、对生活充满希望，美好总会如期而至。《礼记·中庸》有言"君子之道，辟如行远必自迩"，比喻做事情都得由浅入深，一步步前行。正如想要成就一番事业，必须脚踏实地，一步一个脚印，锲而不舍，才能迎来曙光。

评语

  阿丽耶·阿西木作为学院"彩虹驿站"民族学生工作站学生负责人，既能配合老师组织好社会实践活动，又能取得可观的专业学习成绩，今年还顺利取得了推免资格，值得肯定和祝贺。她的这篇总结也展现了一个当代大学生在进入大学后不断努力、坚持不懈，对自己充满自信且乐观积极，搞好学习之余仍不忘发展综合素质能力。希望在后续的大学生活中，她可以保持既仰望星空又脚踏实地、敢想敢为又善做善成。

——南京航空航天大学航空学院辅导员 焦安康

开花的梦想结硕果

寇思丹 厦门大学航空航天学院

2021年的七月,那个高考完畅快玩耍的暑假里很平凡的一个下午,我收到了厦门大学航空航天学院的录取通知。我很确定,那时我的心情是如释重负的。我看着陪伴了16年的书桌,扭头望向了窗外,我问自己:如果冲刺百天的自己知道了现在的结果,会满意吗?答案是肯定的。从此,航天梦的种子在我心里深深扎根,长成参天大树。我相信,开花的梦想结硕果。

时间悄然无声流逝,奋战高考仿佛还是昨天。现在我竟已经大二了,进入厦门大学的第一年,我成长了许多,通过社团满足了自己的爱好、通过学习充实了自己的知识,航天梦种子之根愈加牢固。机会总是留给有准备的人,回顾所经历的,规划以后未知的,让航空梦在厦门大学丰厚的土壤上开出更丰满的果实!

一、2022年厦大之旅

当我翻看这一年的朋友圈相册,从一张张照片碎片里找寻大一的快乐痕迹,当然,也有遗憾往事。但有一点毋庸置疑,我很满足,或者说,我很喜欢我的大一旅途,它是丰富的、美好的、按计划进行的。

(一)遨游航空航天知识海洋

不尽相同的课表、自由自主的管理,大学的学习节奏和高中完全不同。感谢高中养成的自律习惯,让我的大一在打牢基础、用心学习中度过。很庆幸这种转变没有让我颓废,反之,我很适应这种学习方式。自学是大学必要的生存技能,这种状态可以让我沉下心来思考课本之外的知识,明确未来的研究方向。大学老师作为我的引路人、指明灯,让我可以自由自在地、更加轻松地在知识的海洋遨游。

有句网络热评说:"坚持前三排、坚持早睡早起、坚持复习预习,你就已经打败了全国99.99%的大学生。"无论专业课还是通识课,我都会前排落座，一来可以不费力地跟上板书，二来可以放下手机沉浸式学习。这大大提高了我的课堂效率，也减轻了复习预习的压力。下课后我会选择直接去自习室或者图书馆，完成课后作业复习功课，日日清、月月清在我看来很有帮助，比考前临时抱佛脚更加行之有效。大一下学期相比上学期，专业课难度有所上升，甚至出现了听不懂的状态，但我并没有因这些困扰就此放弃。越硬的骨头越要啃下去，课后一遍一遍回放老师的板书视频，相信付出总有回报。

保留了高中时严谨刻苦的备战态度，我对大学每一堂课都怀敬畏之心，即使是体育、思修等非专业课，我也抱以极大的热情投入其中。无论小组实践作业还是集体展示，我都作为团队一分子积极融入，不懈怠不偷懒。经过不懈努力，综合绩点保持在专业前25%。每一次德旺图书馆11点的闭馆音乐响起，我会在心里暗暗骄傲。当然，学习固然是令人痛苦的，不可能一帆风顺，走出舒适圈必然意味着牺牲。大一下学期，牺牲掉假期备战数学建模却以失败告终，成绩排名靠后没有拿到国家奖学金，弱项学科看不见成效，等等。下一年，我将继续拓宽舒适圈，不断接受挑战，希望有所突破。

（二）尝试学生工作勇于突破

大一，我担任团支书，打造了五星团支部，获评2021年度厦门大学十佳优秀共青团员。任职期间，我努力为班级同学提供归属感，组织民主评议会、支部素拓活动等，多次开展主题团课，严格落实"三会两制一课""推优入党"制度，配合班委们的工作，做好同学和老师的纽带角色，为大家服务的同时也让我积累了许多工作经验和软件技能；担任航空航天学院督导部学生干事，负责上课打卡签到、宿舍卫生检查、园区环境清理等，投入精力与真心才能把学生工作做好。大二，我成功当选厦门大学学生会宣传部负责人，负责推文制作、海报设计、活动摄影剪辑等；进入智慧团建基层建设中心，发挥团省委、校团委、院团委之间的桥梁作用，这些不仅是一种能力上的锻炼，也是能为大家服务更高的平台。

虽然占用自己较多可自由支配的时间，但学生工作让我完成了从"小我"到"大我"的转变。我不局限在第一视角，而是有机会接触更优秀的人，丰富实践经历，体味社会中不同角色的生活。我时常想，当自己本科毕业时，会不会因为大学期间工作经历不够丰富、青春年华的荒废而后悔？会不会因为缺乏面试的勇气、挑大梁的勇气而遗憾？带着这种危机感，我不敢留在原地，于是去学生会、团总支、智慧团建基层建设中心等组织里接受了不同的挑战，拥抱更大的世界。

（三）兴趣起飞扬起理想风帆

在最美好的青春，坚持自己从小的兴趣爱好是一件很幸福的事。去年我获评了"文体优秀"奖学金让幸福加倍。大一是主持队成员，大二留队当队长，一次次舞台的灯光打过来、一次次雷鸣的掌声响起来，让我很喜欢做闪闪发光的主持人。因此，我积极参加如2021年航院迎新晚会、"五四"国旗下朗诵、南音进校园科普讲座主持、军训结营会演、2022年青春之夜跨年晚会等大大小小的活动，也进入经典诵读比赛决赛工作组、语言类节目工作组等完成幕后工作。在熟悉校园环境之后，厦门大学深厚文化底蕴深深吸引了我。大二，我成为讲解队成员，为参观者介绍校园发展史、带领参观校建筑群，实在是一件幸事。这不仅开阔了我的视野，对厦门大学有了更到位的了解，也用声音延续了我对播音主持的热爱。阿基米德曾说给他一个支点他能撬动整个地球，而我想说"给我一个舞台，我会带给观众前所未有的精彩"。

利用课余时间，我参加了许多校园公益活动，一年时间里，志愿汇荣誉时长总计137.5小时，获评个人"金木棉奖章"。我积极参加"战疫无忧"云辅导活动，志愿为厦门大学附属医院医护工作者的孩子辅导功课。因为被大一入学时学校带给的温暖所感动，我在大二便也积极加入线下迎新志愿者行列，帮助新生完成报到等，这让我感受到自我价值的提高。志愿精神的真谛就是用爱心去帮助需要帮助的人。

二、开启2023年新旅途

接下来的两年，我要完成什么目标，实现什么样的发展，又怎么去实现发展呢？我不止一次在独处时思考这种问题。

（一）活在当下稳中求进

专业成绩坚持稳扎稳打，追满绩，求高分。在学习上投入更多的时间，提高在图书馆的落座率，开始尝试竞赛和大创项目，争取奖学金。学生工作上提高效率，用最短的时间完成分内之事，为老师同学们减轻负担。兴趣爱好上坚持减肥计划，加强锻炼也塑造更好的体态，希望在毕业晚会、音乐节等舞台上突破自己主持上限，不断向前。

（二）立足长远规划未来

关于工作就业，航空航天是我心中最向往的从业领域，我憧憬着拿到北京航天五院的研究生录取通知书。或许我的路还很长很难，但我坚信，我不缺乏向前迈进的勇气。

关于本科学习，未来要把重点放在科研上了。走出舒适圈，尝试加入实验室和一些项目，或许自己并不擅长，但这些破土之痛是实现航天梦的必要旅途。

关于课余生活，拥有不让将来遗憾的美好大学经历，尝试不同的兴趣爱好，掌握更多的实用技能，不在茫然和无所事事中虚度。

评语

寇思丹是我院优秀的学生骨干，既学业成绩优异，又能高效率地做好各项学生工作，综合表现优异。她写的这篇总结充分展现了航院学子勤于思考、乐于奉献、奋勇争先、积极进取的精神风貌和优秀品格！

——厦门大学航空航天学院团委书记　沈鑫

改 变

魏宇涵　上海交通大学航空航天学院

2022年6月9日下午,当高考最后一门科目的结束铃声响起,我的高中生涯在那一刻画上了句号。无数影视作品中所描述的精彩、激昂的高中生活我好似都没有经历过,一切都是那么平淡、那么自然,让我的生命中拥有了一段衔接式的回忆。差不多两个月后,我收到了那一份沉甸甸的上海交通大学录取通知书。我有些恍然,对大学生涯十分期盼,甚至是诚惶诚恐。

来到上海交通大学仅仅一个学期,我感觉自己身上发生了过去十几年都不曾感受到的巨大转变,学习上的、生活上的、精神上的……但不管怎样,我都度过了我在大学的第一个学期。所以,我在此做2022年的年度总结,并在此基础上对2023年做出规划。

一、回看2022年

半年的大学生活足以体现很多,尤其是现在我独自一人在外生活,对自己的改变远比过去要敏感。这些改变有好有差,希望能择其善者而恒之,其不善者而改之。

1. 学习上的改变

在学校,学习依然是首要的任务。而在这一点上,大学和高中相比有了翻天覆地的变化。大学的学习有一个无比显著的特征——自由:自由的时间,自由的选课,自由的学习规划,自由的课后安排……而这种自由,无疑对只经历过应试教育的学生来说是一种巨大的冲击。说实话,大学生活已过半年,我依然没有完全适应这种学习方式。老师不会强调课程重点,不会反复讲解知识,不会强制布置练习,不会分析历年考题,他们只会带你不断学习新的知识。

这种学习体验是快乐的,也是痛苦的。你可以自由地分配学习时间,在你喜欢的专业上倾注更多的精力,没有限制地去接触你感兴趣的知识,所以快乐。但是，这样的学习过程对一个人的规划能力和自律能力提出了相当高的要求。两者缺其一都会让你的学习变得举步维艰，或是不得寸进。

所以，为了适应这种变化，我产生了如下的变化。

首先，我学会了做计划表。这是我曾经一直想得到却不曾得到的技能。因为在高中时，就算你不做计划，也会有人推着你走，这让人并没有迫切要做规划的动力。但是，到了交大之后，我开始在周末时对下一周进行规划、分配任务。在每一天开始时，我也会习惯性地梳理一下各时间段的计划，这让我变得从容不迫，不会因为没有规划而对接下来的任务感到迷茫和心慌。

其次，我更习惯于预习和总结。由于大学教师在教学方式上的变化，预习和总结在掌握知识上显得比高中更为重要。大学课堂上少了强调、重复，知识的推进比高中快了很多，这让很多知识囤积在大脑中，不能消化，最终得不到应用，甚至是被遗忘。这时，课前预习、课后总结就显得无比重要。尤其是高数、线代等课程，我总会比老师的进度提前一两个小节。这样，我上课时才能跟得上老师的思路，减轻我在课堂上的负担，也有利于我理解老师讲解的内容。而课后总结则是让我的知识被逐渐消化并形成网络，同样必不可少。这种模式或许过去就有，但是，到了大学后被无限放大，成了我在学习过程中的必经之路。

最后，我在学习上变得更加积极主动。大学不会一直有老师在你身后鞭策你、驱使你去学习，这让人的堕落有了直接原因。到了大学，我深有感触。刚入大学时，没有老师和家长督促的我也一度放纵自己，仅仅完成基本任务，不懂得提升自己。那时候，虽然整天流连于网络，却深感空虚。后来，在舍友努力学习的驱动下，我开始改变自己。我开始用课余时间去图书馆和自习室，或是参加学校的各类活动。远离网络后，我感到了充实，得到了正反馈，从而成功积极主动地去学习、去提高。我认为，这是我进入大学以来在学习上得到的最大改变和收获。它带来的是长久且不竭的动力，惠及的不只是学习，同样还有课余生活的方方面面。

虽然从这学期的期末成绩上来看，我的成绩进步空间还很大，不过，我在这大学的第一个学期切切实实地感受到了自己身上巨大且积极的变化。虽然在学习方法的优化、课余和学习时间的分配、学习或科研活动的选择等方面都还存在缺陷和困惑，但是我相信下一个学期会是一个变好的过程。

2. 生活上的改变

与过去的近二十年不同，大学是我真正独立生活的开始。独立的衣食住行、独立的娱乐活动、独立的规划生活……它们让我享受自由的同时，也让我备感苦恼，促使我不断做出改变。

来到大学后，首先要经历的就是我从来没体验过的宿舍生活。四人的宿舍生活是我一直听说却没体验过的，而这种变化带来的影响有好有差。许多人在一起生活，带给我新鲜感的同时也给我带来了许多帮助，一些我独自一个人难以解决的问题在舍友的帮助下得以顺利解决。但是，更多的是令人有些烦恼的适应和磨合的过程。没有了家人的提醒和帮助，穿衣、饮食、作息等在一开始都变得有些不规律，让我感到焦头烂额的同时，也有些手足无措。在那一刻，我才意识到自己在过去的十几年中被家人照顾得有多好。

不过，在经历不算短的一段适应期后，我在独立生活上也渐渐变得娴熟自如、游刃有余。我懂得了对我的个人空间进行规划和整理，懂得了及时根据气候变化调整自己的穿着，懂得了在身体不适时适当服药……

虽然，有时仍会在一些小事上有些磕绊和无措，但是毋庸置疑的是，我的大学生活已经渐渐步入了正轨。

3. 精神上的改变

关于精神和思想，说起来有些无形无相，但确实是真实可感的。

从高中的约束到大学的解放，这之间的过渡过程是每一个大学生的必经之路。不少人在考上一个好大学的奋斗目标实现后开始变得迷茫和颓废，在大学里不知进取，或者说是不知取何。而我却相反，我在高中颇有些随波逐流的势头，心中没有梦想的大学、梦想的专业、梦想的彼岸，说是胸无大志也不为过。忙着学习，忙着考试，忙着报考大学，直到大学录取通知书捧在手中的那一刻才有些恍然。

但是，进入大学后，从开学典礼到后来的各种讲座，一切都让我感觉到新鲜和激动，仿佛十多年不曾涌动过的热血在此刻迸发。"愿中国青年都摆脱冷气，只是向上走，不必听自暴自弃者流的话。能做事的做事，能发声的发声。有一分热，发一分光，就令萤火一般，也可以在黑暗里发一点光，不必等候炬火。此后如竟没有炬火：我便是唯一的光。"这段鲁迅先生的话在高中时只是作文素材，但是我在大学却是真切地感受到了这段话里蕴含的期盼与力量。

二、展望 2023 年

说到 2023 年的计划，其实也简单。

大方向上，入党、保研这两个算是我现在稍微长期一点的目标，而要实现这两个目标就需要细分到每一件小事。比如，在学业上追求更高的分数，积极地参与党组织的活动，在各种活动上更好地发掘和展现自己……这些不拘于 2023 年，而是要长久进行。

不过，就 2023 年来讲，我更希望自己有以下的变化。

(1) 我希望自己可以变得更加外向，更加大胆地去社交、去展现。在大学，展现自己是追求更高的必要条件，但是稍显腼腆的性格可能让我在这方面产生困难。所以，我希望接下来的一年可以通过多去参加不同活动，多去接触不同人群来改善这一缺陷。

(2) 我希望提高自己的英语水平。在高中还不算明显，但到了大学之后，英语上和别人的差距变得格外明显且致命，追求突破也显得迫切。所以，下一年，我准备主要从词汇储备和听力方面提高自己的英语水平。每一周都要有自己的任务和计划，并严格执行。

(3) 我希望接触更广泛的知识。高中的咸鱼躺平式阅读让我的知识面和身边人相比显得十分狭窄。所以，接下来我会主动地去了解更多的知识，也希望在新知识中发现我的新的兴趣点。

三、总结

旧的一年已经过去，这一年有进步也有遗憾。但不论如何，新的一年已经走来，我能做的只有争取让我的这一年不留遗憾，珍惜在交大的每一个学期。

> **评语**
>
> 魏宇涵学习刻苦，成绩优秀。作为学院学生会成员之一，积极参与组织学院各类活动。在这篇总结里，我看到他对过去的反思和对自我的审视，以及对未来的规划。只有善于总结、刻苦钻研才能达到更高处。
>
> ——上海交通大学航空航天学院思政教师　高瑾

不惧变化，坦然应对

涂景奇　同济大学航空航天与力学学院

2022年是充满故事的一年，也可以算是自己人生轨迹上的一个关键十字路口。这一年的两个学期分别是我本科的大三下学期和大四上学期，它们分别是自己本科专业课学习的高峰期和准研究生时期。这一年的学习和学校生活不同于前两年那样：一是课程的综合性，实践性更强；二是班级职务身份的变化，成为班长后，我多了很多学工方面的工作；三是大四作为本科和研究生的衔接，我有了很多不一样的体验。这一年并不像前两年那般只停留在如何学好专业课程上，而更多的是在一次次课程、科研、学工任务中让自己学到更多，提升更多。

一、回顾2022年

（一）学习生活

大三的学习同前两年有一个很大的不同，就是所学的专业课更加注重实践。在上半年所学的专业课中，有大量的课程没有考试，而是让学生结合课程中所学的知识，应用专业软件去解决实际的问题。这种形式的转变让我在刚开始的一段时间不知所措。因为这些软件我只学习了基本的操作并针对简单的案例做过练习，而课上提出的问题相对来说是更加复杂的。同时软件操作并不是循规蹈矩，在一些参数设置上非常依赖经验，所以这样的课程设计大作业让我感到无从下手。

但是正如尼采曾说过的一样，"凡不能毁灭我的，必将使我更加强大"。如果说专业理论知识的学习是在夯实基础，那么课程大作业则是对学生综合运用理论知识和专业技能的锻炼。尽管大作业布置下来的时候我满脑空白，但还是在同老师和同学交流后有了初步的想法。在实践中摸着石头过河，遇到问题，搜集资料，解决问题。在完成这些课程大作业的过程中，我感受最深的一点就是一定要多和老师同学沟通交流而不是单打独斗，综合性的问题更需要集思广益来解决。同时，通过交流合作来解决问题还需要懂得沟通的技巧。我认为自己应该在努力提高自身水平能力的同时，多多注重协同合作的理念和锻炼与他人合作沟通的能力，不仅要做好发言者，也要做好倾听者，从习惯于一个人完成任务向与他人合作完成任务转变。

（二）浅尝科研

纸上得来终觉浅，绝知此事要躬行。

为了提早接触并了解科研过程，我大三下学期在学院老师手下做了一些辅助性的科研工作。在这个过程中，我的工作是对 ABAQUS 做二次开发，编写能够自动生成随机性样本模型的脚本。

这段经历让我对科研有了一个直观和切身的感受。我认为科研确实是一个站在巨人肩膀上看远方的体验，很多时候做一件事情并不需要完完全全从零开始，往往可以先尝试搜集一下其他人的相关工作经验，借鉴他们的方法和经验可以节省很多时间和精力。面对这一次的脚本编写任务，我通过阅读文献、查找资料去了解已有的思路方法是什么样的，分析这些方法有哪些优势和缺点，思考自己该如何基于这些思路来做修改解决这个问题。

在这段过程中，我还体会到科研和大学的学习有一个非常大的不同点在于需要更多的独立思考，更多的主动学习。大学课堂上的学习虽然没有像高中那样的压迫性和紧张感，自由度很高，但仍然主要是老师传授、学生听讲的模式。科研并非如此，这当中学生在主观上探索和思考有更高的比重，并非事事都要向老师寻求解决方案。然而，这里所指的独立并非指自己遇到问题不去和老师同学交流，独自思考解决和与他人合作完成之间应当有一个平衡，两者属于并行关系。

经过两个月的脚本开发，我最终完成了老师布置的任务，实现了随机性样本模型的生成功能，并留好了相关参数的接口，为老师后面的工作推进提供了帮助。

（三）投身抗疫

2022 年春季学期，由于疫情我被隔离在了宿舍。我担任了宿舍楼层的年级负责人，负责管理宿舍一楼的学院 2019 级的学生。在此期间，我尽自己所能参与了楼内的志愿工作。我为大家分发过物资、盒饭，也给宿舍楼浴室做过消毒工作，做过核酸检测志愿者，也参与过货车的卸货任务。这段经历让我在实践中锤炼了自己。我知道自己所做的工作只是微小的一部分，但是随着学校疫情整体形势得到控制，看到同学们陆续返回的时候，我对自己这段时间的微薄贡献也感到非常的自豪。

（四）本科毕设

大四的学习不同于前三年，课表不再满满当当，但却迎来了本科阶段最综合、要求最高、时间跨度最长的一次专业考核——毕业设计。最开始的工作是文献调研。我认为阅读文献是一个积累的过程，不光要懂得如何读懂文献，提高从中摘取有价值信息的效率，还要学会对阅读完的文献进行整理。随着自己读的越来越多，读过的文献会模糊和遗忘，如何通过好的文献整理快速地把握一篇文献也是在未来科研过程中需要提升的地方。

到了十一月毕设的文献调研工作基本完成，我也在老师的指导下向后面推进。毕业设计是一个非常系统全面的过程，在这个环节中可以学到非常多有益的东西和养成良好的科研习惯，希望自己能够一直保持严谨求实的态度做下去，让唯一的一次本科毕设不留遗憾。

（五）学生工作

我在大四阶段开始担任班长。一直以来我在班级工作方面都是做一些辅助性质的工作，基本没有独当一面地负责一些班级的事务。班长这一身份让我增加了许多学生工作，很多时候让我会在一段时间有多个任务。尽管学生工作有的时候会让自己事情很多，但是班级同学都非常配合，看到自己的努力能够让班级同学在各种活动中放松愉悦，自己觉得过去的忙碌也不算什么。

二、展望 2023 年

2023 年，我将走完自己本科阶段的最后路程，也将开启自己读博征途的新篇章。对于新的一年，我也想对未来的自己提出一些期许，希望能够在接下来的时间里保持谦虚，继续朝自己选择的方向走下去。

（一）本科阶段

首先，2023 年是本科阶段的终点。古人云"行百里者半九十"。虽然大四下学期的学业任务已经不再像前几年那么繁重，但是仍然要延续前几年保持下来的好的学习习惯，把本科毕业设计做好、做扎实，争取在毕业设计的过程中养成更多良好的科研习惯和掌握更多的科研方法。

学生工作方面，我需要站好班长这最后半年岗，努力做好分内的工作，服务好班级同学，也尽量在毕业来临之际，在符合学校规定的前提下，多多组织一些班级的活动，让大家的毕业季变得有意义，深刻难忘。

（二）研究生阶段

面对半年以后即将开启的博士研究生生活，我充满期待，也心怀忐忑。不管怎么说，时刻保持严谨上进的心态去应对将会到来的生活，往往都能在忙碌的过程中得到一份坦然。我希望自己能够在未来像一块海绵一样，积极吸收各种对自己有益的东西，相信水到渠成、厚积薄发的道理，对科学研究保持好热情和专注。

（三）体育锻炼

课余生活方面，我想提高自己在体育锻炼方面的时间。我非常喜欢打篮球，我时常把打球作为一种缓解压力的方式。体育锻炼有长久的意义，"身体是革命的本钱"，好的身体才能有好的工作状态和高的工作效率。

三、写在最后

当2022年成为一段历史，回顾一下才发现一路走来发生了很多的故事，我学到了很多东西。这一年之所以是人生轨迹上的一个路口，我想不仅是因为包含了关键的研究生推免季，确定了本科毕业后的道路方向，还因为这一年里种种故事给我带来的感受和心得，能够让我逐渐适应学习生活模式的转变。

感谢学校给予我锻炼的平台和机会，感谢给予我帮助的所有老师同学，感谢一直努力和坚持的自己。这是一个阶段的终点，也是一个阶段的起点，希望自己能够朝着选定的方向坚定地走下去，时常反思自省，坦然面对未知的明天。

> **评语**
>
> 涂景奇同学一直保持优秀的学习习惯，对待专业课程、学工事务和科研工作都有着热情、专注、认真和善于思考的态度，就像他在总结中提到的"像一块海绵一样，积极去吸收各种对自己有益的东西，相信水到渠成、厚积薄发"。他在大三专业课高峰期接受了科研训练，在毕业季出色完成了毕业课题，并获得了同济大学优秀本科论文和上海市优秀毕业生等荣誉，给航力学院的学弟、学妹们树立了榜样。
>
> ——同济大学航空航天与力学学院助理教授　赵云妹

踔厉奋发,笃行不息

闫涛　重庆大学航空航天学院

对我来说,2022 年的年度关键词,大概就是笃定前行和超越自我吧!在这一年的学习和生活中,除了完成既定的学习任务,我还充分利用课余时间参与各类学科竞赛和科研项目,并协助学院老师处理教学、科研和学术会议方面的工作,努力在多方面提升自己的能力。当然,在此过程中,也免不了"起起落落、磕磕绊绊",我想这也许就是人生吧!

2022 年年终总结

思想

平日里,认真学习时政热点,特别是习近平总书记在党的二十大和庆祝中国共产主义青年团成立 100 周年大会上的讲话。我通过政治学习,提高自身政治判断力、政治领悟力、政治执行力,努力做到在政治上、思想上、行动上与党中央保持高度一致。我通过不断的努力,连续两年获评重庆大学优秀共青团员。

学习

在学习方面,勤奋刻苦,不骄不躁,有较强的学习自觉性、明确的学习目标和科学的学习规划。

首先,在大三学年的第二学期,专业课难度更大,但我仍保持良好的学习习惯,提前预习课程并及时做好课后复习,最终取得了比较满意的成绩:绩点 3.9357,平均分 94.10,排名专业第二(2/63);综合测评成绩 95.5455,排名专业第二(2/63)。

其次,在大四学年的第一学期,课程类型主要为专业实践课。虽然课程数量减少,但我仍没有放松对自己的要求,因为这对于我在研究生阶段的科研工作非常重要。通过我的努力,全部课程达到 90 分以上,绩点 4.0000,平均分 95.63。经过这些实践课的训练,我体会到了理论与实际的巨大差距。

再次，我还利用课余时间通过了全国计算机等级考试（二级 MS Office 高级应用与设计），并取得了优秀的成绩。对于我来说，这不仅是一次考试、一张成绩单，更重要的是在备考过程中学到的计算机技能，可以提高我在今后科研和工作中的办事效率。

最后，在 2022 年，还有一件非常重要的事，那就是研究生推免。在七月份的夏令营申请与面试中，我广泛参加全国各大高校的夏令营活动，最终获评了西安交通大学航天航空学院的优秀营员。在接下来的推免中，我凭借着优异的学习成绩和丰富的科研经历，获得了西安交通大学航天航空学院固体力学专业的直博资格。我也将在接下来的博士阶段，不断提高自己的科研素养和实践能力，做出有益于国家和社会发展的科研成果。

竞赛

在学科竞赛上，今年也算是有了新的收获。

六月份，我参加了重庆大学第八届"互联网＋"大学生创新创业大赛。在团队的不懈努力和老师的耐心指导下，我们获得了重庆大学金奖的成绩，并入围重庆赛区选拔赛。八月份，我参加了第八届中国国际"互联网＋"大学生创新创业大赛重庆赛区选拔赛。经过对参赛作品的精心打磨，我们获得了重庆市金奖的成绩。这也是我们学院历史上的最好成绩，更是我们学院在市赛上"从零到一"的突破。当然，我更要感谢张亮、葛艺芃老师的辛苦付出，感谢团队成员的合作。但比较遗憾的是，我们没有进入全国总决赛，这说明我们与其他高校团队仍存在一定差距，我们应该通过自己的努力，不断补足短板、缩小差距。

七月底，我所在的团队代表重庆市和重庆大学参加了第十三届全国周培源大学生力学竞赛"理论设计与操作"团体赛。虽然我们团队只取得了优秀奖，但是在比赛中，我见识到了业内更厉害的选手，认识到了自己的不足。此外，我还要感谢聂书严老师的培训，感谢队友的通力合作，感谢工作人员的付出。越是往前走、往上攀，就越是要善于从走过的路中汲取智慧、提振信心、增添力量！

科研

在科研方面，通过大三学年的接触和涉猎，我对科研有了更深的理解。

先是大学生科研训练计划，通过小组合作和严波老师、朱永强博士的指导，我们顺利地通过了六月份的结题答辩。虽然结题成绩只有中等，但也是本科阶段重要的科研经历之一，同时为研究生阶段的科研奠定基础。

在大四上学期，我进入了付涛老师的课题组，并开始进行毕业设计的相关工作。我的选题属于分子动力学方向。由于该方面的课程在前面的学习中较少涉及，我先要对基础知识进行学习，然后在老师的指导下阅读了几篇相关文献资料，并学习了相关软件的使用方法。由于这些软件没有用户界面，所以需要以命令行的方式进行信息输入，对于我来说是一个不小的挑战。但我通过不懈的努力，终于能够较为自如地使用这些软件，并开始进行建模、计算和分析。

这些科研任务，使我明白了：其一是所学专业知识的应用和理论与实际的差距，这是我们解决实际工程问题的关键，而不仅是停留在书本上的理想条件和人为假设；其二是目标明确后，要服从团队统一安排，与团队成员共享信息和经验，提高团队整体协作水平和能力；其三是勤于思考，敢于突破常规，以新方法、新思路发现并解决问题。此外还要善于向他人学习，并尊重他人的创新成果。

工作

在工作方面，我利用课余时间，积极协助学院老师处理教学、科研、会议等方面的工作。

在大三学年的第二学期，我担任了"结构力学"（双语）的助教工作，协助张亮老师完成课后作业的布置批改、学生疑难问题的解答、成绩的记录和汇总。这是我第一次担任助教工作，在老师的指导下圆满地完成了该项工作。通过此次锻炼，我明确了助教的主要工作内容，也为研究生阶段协助导师处理课程教学任务奠定了基础。

在暑假期间，我协助张亮老师进行了"第六届全国计算力学青年学术研讨会"的筹备，包括参会人员信息的收集、会议邀请函的制作与邮件发送以及会议手册的制作。在此过程中，我也认识了许多不同研究领域的专家学者，他们卓越的科研成果和坚忍不拔的科研精神将成为我在科研道路上前进时的不竭动力。遗憾的是，由于疫情原因，会议至今仍未举办。不过我相信，在2023年，一定会迎来会议举办的那一天。

生活

在生活方面，有良好的日常生活习惯。积极参加体育锻炼以保持身体健康。与同学相处融洽，乐于助人，能够虚心接受别人的意见，并注重德、智、体、美、劳全面发展，以饱满的热情积极参加各项活动。

综合

通过大学前三年半的学习，我已圆满完成本科阶段的课程学习任务，并且利用课余时间参与了许多活动、竞赛和科研项目，在此过程中尽自己最大努力争取荣誉，并提升自己的能力。最终，凭借本科阶段所有力学课程成绩均达到 90 分以上和在力学竞赛上取得的荣誉，荣获了 2022 年中国力学学会全国徐芝纶力学优秀学生奖。这份荣誉不仅仅是对我本科阶段力学专业课成绩的肯定，更是对我综合能力的认可。在接下来的科研中，我更会加倍努力，做出有益于社会和国家的科研成果。

2023 年年度计划

在 2023 年，要争取做到以下几点。

1. 继续进行本科毕业设计工作，尽可能取得一些属于自己的小成果，争取拿到"优秀"的成绩并发表一篇英文论文。

2. 在下半年的博士阶段，尽快融入课题组的科研工作中，尽最大努力完成好导师布置的科研任务，早日取得属于自己的科研成果。

3. 加强体育锻炼，体重争取减到 75 公斤。

往者不可谏，来者尤可追。我更愿将我的 2022 年和 2023 年都看作探寻方向的日子。现在我或许还不知道自己想要的究竟是什么，但人生本来就是一个试错和奋斗的过程，不试就不知错，不奋斗就不会知道自己想要追求的是什么。

新的一年，做好每一件事。只争朝夕，不负韶华。

评语

闫涛同学是我们 2019 级非常优秀的学生之一。他目标明确，积极主动，敢于尝试突破自我，最终取得了优异的成绩和丰硕的成果。从这篇年终总结中我们可以看到，他对待学习的认真，对待科研的投入，对待"磕绊"的反思，更重要的还是他对师长的感恩。相信闫涛同学一定能达成自己的目标，也希望师弟、师妹们能向榜样学习，向标杆看齐。

——重庆大学航空航天学院辅导员　陈勇凡

硕士生

穿越逆境，抵达繁星

张潇予　北京航空航天大学宇航学院

2022年，我的本科生活告一段落，紧接着就是全新的研究生生涯。本科毕业就像是一场初醒的梦，将我从熟悉的环境拉回陌生的现实，过往的记忆逐渐消散远去，崭新的环境让我时刻保持清醒。

在炎热的六月，我从西工大毕业，告别了生活了四年的大学校园。从巍巍秦岭到峦峦燕山，面对着即将到来的另一方土地的生活，心中有所期待，也不免产生一丝彷徨。已经在北航度过了半个学年的生活，渐渐适应了这里的一草一木。今天可以放慢脚步，去和2022年的自己对话，梳理一下内心的情绪，迎接新的一年。

一、2022年总结

（一）学习方面

1. 2022年上半年

2022年的上半年，我完成了本科课程学习和本科毕业设计。这段时间是我本科学业的最后一段时光。大一时，看着培养方案表格上密密麻麻的课程，从基础课到专业课，想着等到大三、大四修完这些课程，我在专业学习的道路上应该能有不少的收获吧。不知不觉，在本科的修炼中，原本陌生的专业名词和概念我都已熟记于心，原本看起来高深莫测的航天术语都已变得亲切而熟悉。临近毕业时，当我再一次打开计划执行情况，发现红色缺少学分的字样在四年的时光中已然变成一条条黑色的分数，像是通关一般，在四年后终于抵达了终点。

本科最后一个寒假里，除了进行毕业设计的相关工作，我也抽出时间进行因疫情延期考试的课程复习。我认为对待学业或事业应当以始终如一的认真态度，才能取得长足的进步。当然有的时候我也会有畏难的情绪，不过把握好总体进步的方向，总是能令我受益匪浅。经过四年的不懈努力，我最终获得了优秀毕业生的称号，这也是本科最后阶段获得的最好的回报之一。

除了课程学习外，我也顺利完成毕业设计并取得优秀本科毕业设计的荣誉。通过毕业设计，我不仅学习到更多专业知识，而且初步了解了科研的流程，同时在发现问题到解决问题的过程中培养了我的耐心和深度思考问题的方式。仿真计算、风洞试验以及数据处理等是毕业设计的主要工作，通过毕业设计的锻炼，我对科研工作有了详细和深入的认识，并且其培养了我在学术方面严谨的态度。

2. 2022年下半年

2022年下半年，我踏入北航的校园，开启了我的研究生生涯。在研一上半学年阶段，我有许多课程需要完成，也分配了一些时间在导师的课题学习上。研究生的学习相比于本科时候的学习更强调自主，尤其需要有将各方面零碎的知识整合的能力，才能建立起完整的知识体系。

科研方面，通过学习相关专业领域知识，阅读文献资料拓宽专业视野，我对研究方向有了更加清晰的了解。其间我主要对太阳能无人机进行了相关文献阅读，并向导师做了汇报；此外我还对导师的科研项目也进行了细致的了解，从图片和视频中学习了以往的试验任务和试验过程，这极大激发了我对于之后需要参加的试验的兴趣，并更加努力学习相关知识，打好试验基础。

作为研究生，学习依然处在主导地位，这也是培养终身学习态度的关键时期。相信今后我能更加自如地平衡好学习与生活，用更加积极的态度对待今后的学习和科研。

(二) 工作方面

在北航读研究生期间，我加入了学院的研究生会，并在学术部工作。其间在部长的带领下，我们成功举办了许多讲座和沙龙活动。

通过去年年底的换届答辩评选，我成为研究生会学术部部长，承担起了部门中的各项活动。通过分配活动中的各项任务，我进一步学会了部门的合作与分工，并提高了组织与管理能力。每当一项活动画上句号后，我的成就感油然而生。

(三) 生活方面

除了学习工作，还需要腾出一些时间留给生活。体育锻炼、艺术陶冶、休闲娱乐等都可以为平淡甚至是有些枯燥的学习与工作增添一些动力。

体育活动方面，我非常喜欢游泳，喜欢感受在水中向后推水带来的动力，以及水流流过身体带来的阻力。通过不断的学习与动作改进，我的游泳技术也在不断进步。

在外出旅游方面，毕业后的暑假，我和同学们自驾往返了西安和延安，以及云南的主要景点。这两次和同学们自驾的经历提升了我的驾驶技术，也留下了车旅中独特的记忆。

在艺术陶冶方面，我一直坚持钢琴的练习。培养一项兴趣，或练习一份学业外的技能，可以锻炼我的专注能力。音乐可以治愈心灵，每当我弹起钢琴的时候，我总能将烦恼与忧愁抛在脑后。

在其他的休闲娱乐方面，我以电子游戏为主，也会浏览新闻或视频消遣。不过在玩手机方面，我觉得还需要一定的自制力，因为我发现自己出现了玩手机成瘾的毛病。今后需要克制自己对于手机的依赖，将精力投入现实里其他的事务中，拥抱积极的休闲方式。

综上所述，我认为总体上我度过了一个较为满意的一年。不过对于慵懒、畏难等情况，比如对科研上的难题感到困苦烦躁等，也需要重视并克服。

二、2023年展望

寒假过后，我就步入研一下半学年的生活了。若想在总体上保持进步，依然需要保持积极的态度面对生活的一点一滴，踏踏实实完成每一件事。

在学业上，我会一如既往认真对待，汲取专业知识。业精于勤荒于嬉，行成于思毁于随。我会持续勉励自己，做到该专注时专注，该放松时放松，用最大的效益在学业上取得进步。

科研方面，进入研一下学期，我会通过和师兄们、同学们的交流，学习更多高效科研的方法。在对待科研的态度上还是要克服畏难情绪，毕竟科研成果不是一蹴而就的，需要持之以恒地钻研。研一上学期的时候没有特别注意和导师的联系，所以今后我会在科研上多注意与导师和师兄交流。另外进入研二后就需要进行开题相关的工作了，所以在暑期也会抽出更多的时间进行科研，利用研一下学期课程学习之外的时间多做调查研究，明确自己的研究方向，为顺利开题做好准备。

在工作上，我会注重并加强任务的分配，和部门成员打造更优质的学术活动。在学术部的工作中，我会更加注重讲座的质量和形式，为更多的同学带来航天前沿知识。此外学术部也会注重同学们的学业发展，定期举办优秀硕博研究生学长、学姐的经验分享会和导师交流会，帮助同学们扫除研究生道路上的障碍，让同学们能更有信心投入学习和科研中，做好研会服务同学的工作。

在生活上，我劳逸结合，培养兴趣爱好，减少内耗。有时候我会因为学业和工作上的困难陷入焦虑，但如果因此陷入内耗而不是采取有效的解决办法，那终将陷入恶性循环而无法自拔。积极培养一些兴趣爱好有助于转移注意力和化解负面情绪，也会提升生活质量，甚至能给予自己勇气克服困难。此外我也会继续注重体育和艺术的培养，锻炼好身体，并提升精神境界，让生活充实起来。

三、结语

我曾在夜晚躺在床上时不止一次清晰地感受到时间的紧迫性。随着年龄的增长，我不能再像以往只顾学习或简单地生活。圈在象牙塔里太久，总会给我这个世界是简单而容易的假象。我需要更多地思考自己人生的规划与方向，但计划太多，做得不足也是造成焦虑的根源。

一次在网上浏览注意到了这样一句话："穿越逆境，抵达繁星。"这是一句拉丁文谚语，亦可译为："寻此苦旅，以达天际。"每当遇到困难和障碍的时候，无论是学习、工作还是生活，看似它们会阻碍前进的道路，让我苦恼、徘徊，殊不知，障碍也是促进我前进的动力，迫使我产生更多的力量，去披荆斩棘，去提升自我，才能仰望灿烂的星空。

> **评语**
>
> 张潇予同学的2022年充满了美好的回忆和新的机遇。在新环境、新要求、新挑战下，他在科研学习上明确方向，学生工作中组织活动，生活环境中全面发展。他对未来充满期待和自我要求，无论是科研、学习、生活都有明确的目标，正如他自己所说："穿越逆境，抵达繁星。"愿他看到繁星满天。
>
> ——北京航空航天大学宇航学院党委副书记　赵青

落子无悔，奔赴前程

夏侯超　北京航空航天大学宇航学院

红梅迎春至，玉兔送喜来。2022 年已悄然结束，四年的本科生活画上句号。我怀着热情与憧憬，带着好奇与斗志，迎来了全新的研究生阶段。四年的学习与生活让我收获了知识，锻炼了能力，更是为未来研究生阶段的工作打好了基础。落子无悔，不忘铮铮誓言；奔赴前程，奋斗激扬青春！

我要成为什么样的人

培养什么人，怎样培养人，为谁培养人？

习近平总书记在党的二十大报告中强调，教育、科技、人才是全面建设社会主义现代化国家的基础性、战略性支撑。作为一名北航学子、青年党员，听完习近平总书记的讲话后，我的使命感与责任感油然而生。

未来属于青年，希望寄予青年。只有将有限的青春投入党和人民最需要的地方，才能绽放最大的价值。无论是抗击疫情中冲锋在前的青年突击队，还是把青春和生命献给脱贫事业的驻村第一书记；无论是服务冬奥会的青年志愿者，还是平均年龄 33 岁的火星飞行控制团队……青年学子自当砥砺前行，在平凡岗位上发光发热，努力成为德、智、体、美、劳全面发展的社会主义建设者和接班人。

"爱航天、爱事业、爱团队，最大的爱是爱祖国。"戚发轫院士的话语发人深省。为国而生、与国同行，2022 年，恰逢北航建校七十年，北航始终听党话，跟党走，把"服务国家"作为最高追求，凝练出了以"空天报国"为内核的北航精神。正是这样的精神，塑造了一代又一代北航人。七十载空天报国、敢为人先，北航人用双手将中国第一架轻型旅客机、亚洲第一枚探空火箭、中国第一架无人驾驶飞机送上蓝天，无不令我动容；新时代逐梦一流、与国同航，北航学子的身影出现在疫情防控、乡村振兴、冬奥服务的战场之上。

新时代新征程，我希望自己成为一名"纯粹质朴，坚信笃行"的航天人，以期未来为强国建设、民族复兴贡献自己的一份力量。

做一名敢想敢为的奋斗者

"奋斗是青春最亮丽的底色,行动是青年最有效的磨砺。"作为一名新时代航天学子,这一年,我始终严格要求自己,增强理论功底,投身科研攻关,取得长足进步。

旗帜鲜明讲政治,做新时代的追梦人。我第一时间观看了党的二十大开幕式,认真学习党的二十大报告,用实际行动学习宣传贯彻党的二十大精神。进入研究生阶段,我毫不犹豫地加入习近平中国特色社会主义思想北航研究生宣讲团,用青年的话语感召人,用青年的思想激励人,做好朋辈思政发动机。2022年,在抗击疫情这次"大考"中,我主动请缨奔赴一线,投身核酸检测、物品交换、异常处置、数据报送等实战中,做同学们健康的守护人。

步履不停攀高峰,做航天精神的传承者。作为航天学子,扎实的理论知识、深厚的科研能力和百折不挠的精神是从事航天事业的基础。这一年,在导师指导下,我完成了本科毕业设计,对科研的基本流程有了初步的认识;这一年,我参与了3项科研项目,均是面向国家重大战略需求的。一次次的推导、仿真、修改,纷繁复杂,而我乐在其中。追寻科学真理,探索浩瀚宇宙,岂不乐乎?特别感谢我的导师,为我指明前进方向,引领我在一次次科研攻关中,传承航天精神,能吃苦、肯奋斗、迎难而上、追求卓越,担当起航天强国的使命。

做一名与时偕行的推动者

在中国共产党人的精神谱系中,航天精神是唯一的一组横跨新中国各个历史阶段、见证同一项事业一脉相承的伟大精神,是我们红色基因中一笔浓墨重彩的航天蓝。

在航天精神的指引下,我始终坚信"爱祖国,就是在国家和人民需要的时候挺身而出",积极参与重大活动的服务保障工作。我曾有幸参与国庆70周年群众游行庆祝活动,也曾参与到北航建校70周年庆祝晚会的组织筹备工作中。为祖国庆生,为母校喝彩,与国同航、与时偕行的那一刻,是我最难忘的记忆。圆满完成组织交给我们的任务,我更坚定了小我融入大我、大我成就小我的信念。

我喜欢志愿服务过程中"予人玫瑰,手有余香"那种纯粹的快乐,也珍惜社会实践过程中"自找苦吃,乐在其中"的感动与收获。我奔赴张北草原,亲手种下美丽中国的绿色希望；开展航天科普冬令营，助力航天梦想生根发芽；亲历"问天"实验舱发射现场，喜悦与感动溢于言表！通过志愿服务与社会实践，我感受到了不一样的温暖，在社会课堂中受教育、长才干、做贡献。

"如果能做什么将这种温暖传递下去，第一时间想到的就是当辅导员。"大学四年中的所见所闻、所思所想，坚定了我加入辅导员队伍的信念。"领头羊"的责任让我时刻提醒自己"慎独"和"自省"，保持初心和热情，及时总结和反思，和同学们一起做有理想、有本领、有担当的航天青年。

一年来，作为带班辅导员，我带领同学们开展了多维度的爱国主题活动和航天情怀活动，"中国红"与"航天蓝"交相辉映。参观"奋进新时代"主题成就展，感悟爱国奉献的赤诚浪漫；打造航天文化节，激发叩问苍穹的热情梦想。作为党建辅导员，我将航天精神融入党建工作实践，坚持系统观念做好基层党建工作，将日常工作向制度化、规范化、细致化推进；秉承"严肃认真"的工作态度，坚持"成熟一个、发展一个"的原则，为党组织注入新鲜血液。

从一个人到一群人，我真切地感受到距离成为一名"堪当民族复兴重任的领军领导人才"的目标更近了一步；如果说有什么支撑我不断前行，我的回答便是航天精神。眼有星辰大海，胸怀赤胆忠心，没有完成不了的任务，没有克服不了的困难。

2023年，是全面贯彻落实党的二十大精神的开局之年。让我们从历史中汲取经验与力量，从实践中增长智慧与才干，踔厉奋发、勇毅前行，一起为中国式现代化贡献自己的一份力量！

最后，鼓励自己的一句话：心怀"国之大者"，也珍惜人间烟火，做最好的自己。

（本文修改后，发表于《大学素质教育》。）

> **评语**
>
> 夏侯超是典型的新时代"斜杠"青年，本科生兼职辅导员、研究生宣讲团成员、彩虹明天公益社社长。他不止自己在奋勇前行，更引领着身边同学们一起奋斗在空天报国的征途上。从他的总结中看到的是成长，是希望，是力量，是未来。
>
> ——北京航空航天大学宇航学院党委副书记　赵青

知无央，爱无疆

高崇善　厦门大学航空航天学院

云兴霞辉初见厦，青春少年正当时。厦门大学极具办学特色，注重素质教育，始终弘扬"知无央"的科学精神，厚植"爱无疆"的人文情怀，可谓向海而生，为国育才。这样的厦大文化润物无声、成风化人，使我于此不断成长，砥砺前行。

学海何洋洋，致吾知于无央

研究生阶段的"学"与"知"不同于本科阶段，此时以知促行，以行求知显得尤为重要。

在实验室中，我很早便选择了偏工程应用的方向，如愿开启了技术探索之旅。刚接手科研项目时，我还是两脚离地的。既要懂原理，更要会实操，是落地项目对我提出的新要求。以往确实学了挺多的理论知识和数据模型，打下了坚实的理论基础，但始终是"纸上谈兵"，真正到了自己动手制作时，遇到了许许多多的未曾想到的实际问题。曾经缺乏实操经验的我只能在一次又一次的尝试与失败中摸索前行，因此也有一些感悟。

首先是"天下大事，必作于细"。产品的工程设计，事涉结构设计、硬件设计、软件设计、加工制造、安装装配、软硬件联动调试等诸多方面。任何一个小的环节都要认真对待，考虑事情要尽量面面俱到。这样才能脚踏实地，浇筑坚实基座，拓出一条大道。

其次是"持之有故，言之成理"。项目进展中庞大的系统、复杂的方案如何向老师汇报清楚，如何向合作方表达明白是一门学问。每当在阐述一个较为复杂的事情时，须得提前理顺表达逻辑，提纲挈领，抓大放小，层见叠出，有条不紊。忌含糊其词，本末倒置，避重就轻，语无伦次。

最后是"藏器于身，待时而动"。学海何洋洋，不断学习才能不断进步。遇到不同的项目，面对不同的需求，需要完成不同的任务。有些领域自己可能是第一次接触，这个时候就需要我们不断地学习，跳出自己的舒适圈，进入一个陌生的领域。在这一年多的项目经历中，我便因为项目需要，通过文献、书籍、网络论坛、网络视频等习得了一些新的知识与技能。致吾知于无央的过程可能是痛苦的，但运用学到的知识与技能设计制作出产品，看到新产品如期运行时，一定是快乐的，充满成就感的。

在实验室外，我参与了多次"三下乡"活动和企业见习，走出"象牙塔"看世界。专业方面，在机械装备企业中，我深入焊装、涂装、总装、调试、成品等多个车间，对于智能装备生产制造流程有了进一步了解，让我对自己目前在学校所研究的内容未来将如何应用到工业生产中有了清晰的认识，为以后的学习找到更加准确的方向和目标。看着机械装备产业的蓬勃发展，我感受到了机械专业参与服务，对地方经济与社会发展的巨大贡献，也对自己所研习的机械专业有了更强的专业认同感！

专业之外，"三下乡"参与红色研习以及生态调研，让我体会到革命斗争的艰难困苦与中国共产党的伟大，愈发坚定了在党的领导下实现中华民族伟大复兴的理想与信念，也认识到"绿水青山就是金山银山"的科学论断引发的生态红利和生态理念在中国大地裂变出强大正能量。在绿水青山中受益的老百姓由最初的要我做变为我要做，并将迸发出更大的生态自觉。通过社会实践，我更真切地接触社会，了解当前社会的各个层面，更深刻地认识到我国的国情，还与广大的劳动人民广泛接触，从他们身上看到值得自己学习的闪光点，可谓接受了"社会大学"的再教育，习得了不一样的"知识"，受益匪浅。

人生何茫茫，充吾爱于无疆

育人重在育心，育心首在育爱。无疆的爱是指博大无私的爱，对于我们青少年学生来说，首先应该要爱同学、爱学校，再进一步去爱社会、爱国家。

做学生工作是我们爱同学、爱学校的一种重要方式。去年，我通过报名选拔担任了一些学生干部职务，结识和服务了更多的老师与同学。

为什么说做学生工作是爱同学、爱学校呢？我的体会是：爱同学，才会真正去了解同学，才能设身处地为同学着想，做好工作。爱同学的关键之处，在于了解同学真实的想法，在于围绕着同学的学习与生活做一些有益的工作。最为重要的是，了解同学的各种困惑、倾听同学的各种诉求，在尊重其合理需求的基础上，采取有效举措帮助同学解决各种现实关切。例如深入学院寝室、班级，了解他们对学校和学院建设与发展中软硬件环境的建议与想法并积极反馈；与新生们交流大学学习、生活的适应情况与未来职业规划的想法；与有心理问题的学生交流谈心，缓解他们的精神压力；与少数民族同学交流学习生活情况；帮毕业生办理毕业就业手续；等等。

爱学校，才会以自己的言行去维护同学、老师、班级和学校的荣誉和利益，维护大家共同生活、学习、成长的环境；才会积极参与学校的各项活动，更好地理解和助力学校各项规章制度的执行，从而进一步站在学校发展和个人成才的高度来"问政校园"，成为学校建设发展的主人翁。当然，做学生工作是付出的过程，更是收获的过程。在工作中建立的责任心，树立的自信心，以及收获的同学情、师生情，对我来说都是无比宝贵的财富。

志愿服务是我们表达爱的另一种重要方式。在 2022 年里，我参与了校内外 20 余项志愿服务活动，包括疫情防控、社区劳动、校园赛会、商业会务、中小学辅导、科普公益等，志愿时长共计 334.27 小时，以实际行动践行着友爱的志愿精神。通过志愿服务，我直接参与到了各种各样的校园活动和社会活动中，这是一个"双赢"的过程：既是"助人"，同时也是一种"自助"。

"助人"是指，作为志愿者，我将友爱的种子撒向四面八方，用自己的无私奉献打开人们内心深处的爱之门，在细微的服务中传递着人与人之间的关心、爱护与帮助，使更多的人加入这个队伍。就像一棵树摇动另一棵树，一朵云推动另一朵云，爱会相互传递，会彼此感染。在志愿精神的感召下，越来越多的同学和居民加入志愿服务事业，一条条爱心的涓涓溪流，汇聚成善意的汪洋大海，共同营造了互助友爱的校园氛围。

"自助"是指，通过服务对象的认可与支持等积极反馈，我深刻体验和确证自身的生命价值，体悟到人生的价值和意义，并内化为自身的一种精神追求，不断增强社会责任感和参与意识，从而进一步爱社会；社会活动还能够开阔我的视野，帮助我进一步从政治、历史、经济和社会发展等角度去观察和理解国家处于社会主义初级阶段的现实，理解和认同中国特色社会主义的价值追求，更真切地体会到国家在推动社会进步方面所采取的各项措施和具体成效，进而在坚定中国特色社会主义道路信念方面与党和国家、民族产生强烈的共鸣，从而更加热爱党和国家。

学海何洋洋，唯有以海的胸怀博集东西、兼容并蓄，才能以无央之真知报答国家；人生何茫茫，唯有与民族共命运、与时代相偕行，方可以无疆之大爱服务人民。

未来，我将继续秉持知无央以求至真、爱无疆以求至善的信念，在全面发展之路上勇毅前行，不断提升自身综合素质，努力做对国家、对人民、对社会有用的人。

（本文修改后，发表于《大学素质教育》。）

评语

高崇善通过科研项目的历练，实践动手能力与独立思考能力、文字撰写水平与逻辑表达能力得到提升；通过暑期社会实践和学生工作的锻炼，组织协调能力和党建工作能力也有所提高；通过参与校内外的志愿服务活动，不断锤炼品德修为，涵养高尚情操。"知无央以求至真，爱无疆以求至善"，他在积累中提高、在反思中成长、在总结中进步。

——厦门大学航空航天学院党委副书记　林蔚

脚踏实地，仰望星空

杨婧 北京理工大学宇航学院

2022年暑假在青城山游览时看见过这副名联："事在人为，休言万般皆是命；境由心造，退后一步自然宽。"我很喜欢这副名联，事在人为，我命由我不由天，努力能改变创造很多事，一个平稳的心境也是成功必不可少的基石。2022年是我在北理工的第6个年头，我走过了研一，迎来了研二。在这一年里，我努力，我奋斗，我成长，我收获。

脚踏实地

我的本科也是就读于北京理工大学的宇航学院，在大四时努力做了一回星光赶路人，顺利考研上岸。在初入实验室时，有过迷茫，有过困惑，想大展身手，努力科研，奈何基础不牢，地动山摇，很多文献都看得囫囵吞枣，一知半解，写的程序也是漏洞百出。很感谢实验室的师兄们，在我困惑迷茫时，做我的指路人，传授技巧，带我入门科研，我渐渐摸索到了门道。科研并非一蹴而就，我以为一通百通，实则不然，还是会碰壁，还是会遇到很多未知的问题，这也是科研的魅力所在吧，遇到困难，发现问题，解决问题，然后收获解决问题后的成就感和满足感，鼓励我在科研道路上继续前进和摸索。在这摸爬滚打的过程中，我也感悟到了一个科研诀窍——脚踏实地。只有一步一个脚印，才能慢慢攀爬上顶峰，看见真正的日出云海，日落星穹。

细细数来，2022年真是丰富而又充满收获的一年。

（一）科研之路

我与导师、师兄商定的研究方向为巡飞弹制导与控制技术研究。初期进行了大量的文献阅读和调研，并尝试复现其中的经典论文和有利用价值的新方法，初期研究是一个痛苦而又有收获的过程，很多助学软件都是初次使用，并不能熟练掌握，在不断练习中，我已经可以熟练掌握 Matlab、Endnote、Origin、Visio 等软件的使用；掌握软件仅仅只是入门，而阅读文献和复现只是打基础，真正的成果转化在于思考，思考为何别人的论文能够成功，我的方法还可以如何创新优化，怎么样让人耳目一新；别人的方法我还可以如何改进，是否适合我的模型。在一年多的科研过程中，我在导师和师兄的指导下，顺利复现了可观数目的论文，并成功在 2022 ICGNC 会议上投稿并发表了一篇国际会议论文，有 3 项受理专利、1 项软件著作权，并获得了 2022 年的校级优秀学生、特等学业奖学金、国睿奖学金。

（二）创新创业大赛

我想创新创业大赛一定会在我的研究生生涯中留下浓墨重彩的一笔。创新创业大赛、人工智能大赛、机器人比赛等穿插在我的研究生生活中。在师兄们的带领下，我深刻体会到了师兄们的严谨、认真、自律和对工作的一丝不苟。在机器人大赛时，我们早起在两个校区间穿梭，认真调试设备，编写优化机器人的执行程序，在调试过程中不断发现问题、解决问题。根据比赛要求准备道具，我们到五金店买材料自己亲手制作，也会自己建模 3D 打印。

在全国总决赛前一遍又一遍的练习，认真撰写报告，一遍又一遍的检查。在参加创新创业大赛时，团队对背景市场进行调研，挖掘出所研发产品技术可能拥有的每一个应用市场；对新技术新方法进行调研，不断升级优化方案，精确度每提高 0.1%，都离不开团队每个人的努力；大家会对出图美观度精益求精，会一起优化 PPT，润色文稿，进行预答辩，进行问题准备。

师兄们带我入门后，我成为团队负责人，肩负的责任和压力倍增，我学着像师兄们一样去周密计划，提前准备，努力调动团队的积极性。在答辩前，我一遍又一遍地背文稿，记问题，连晚上睡觉前都在演练。在团队的努力下，我们收获了不少成果，获得过国际青年人工智能大赛一等奖、中国智能及机器人格斗大赛二等奖、2022 年第二十四届中国机器人及人工智能大赛一等奖、"青创北京" 2022 年 "挑战杯" 首都大学生创业计划竞赛主赛道金奖等。

（三）学生工作

在本科时，我就积极在学生工作中发光发热，从宇航学院的学生会体育部的小部员到体育部部长再到副主席。在这四年里，每一个活动我都积极组织，认真策划，每一位参与过我们活动的同学都可以感受到我们体育部的热情和活力。

研究生期间，我本打算潜心科研，换一个学习生活方式，没承想还是进了研究生会，现在已经成为研究生会的主席。研究生会组织的很多活动都是为了让科研人放松身心。在这一年多的时光里，我组织策划了很多广受好评的活动。"Happy Weekend"系列活动中，甜品DIY、黏土手工坊、轻松飞盘等活动人数都爆满；"启航杯"篮球赛、"红箭杯"足球赛等活动也顺利展开，鼓舞了大量师生参与运动；在4月的航天月里，与校研会一起联合举办了航天月荧光夜跑活动，参与人数众多，当天完成4.24千米夜跑打卡的人超过200人；和院团委、新闻中心一起合作，成功在良乡校区举办了航天嘉年华；在4月的校运会上，我们研究生会积极组织动员大家报名参赛，并组织训练，搭建补给站，收获了学院组男子团体总分第二名，是近几年的最佳成绩。

（四）日常课程

在过去一年里，我顺利完成了硕士阶段的课程学习，修满了硕士阶段毕业所需学分。

（五）日常生活

在2022年初期，由于作息不规律，不爱运动，我偏头痛很厉害。在听从医嘱后，我开始了早睡早起和健身。健身出汗真的是一件痛并快乐着的事情，我在健身房尝试了很多运动，学会了很多器材的使用。在健身的过程中，我的生活变得规律，身体也更加健康强壮，还拥有了马甲线，穿衣服都感觉更好看了，这是一个很棒的习惯。

我在2022年的暑假里与朋友一起去了重庆、成都、西双版纳旅游。与朋友一起旅游充电是一个很好的放松方法，一定要趁年轻多领略祖国的大好河山，去感受当地风土人情、特色美食的独特魅力。

8月在哈尔滨参加了ICGNC国际会议，收获颇多。

仰望星空

我的2022年是脚踏实地的一年，是丰富多彩的一年，有不足，有缺憾，有快乐，有收获。脚踏实地，一步一个脚印地攀登，才能在山顶仰望浩瀚的星空。而在攀爬的过程中，选择合适的道路，对每一个选择进行反思总结，也是到达山顶不可或缺的一步。

我认为我的2022年固然精彩纷呈，但也存在很多问题。我会罗列计划，规划每天的任务安排，但我的执行力和专注度还有待提高，还是会有拖延症，导致有时候不能按时完成计划，要制订更合理的计划，让计划有弹性空间，每天都可以顺利完成计划带来好心情，形成良性循环；我在努力早睡早起，早起执行的还可以，早睡有待改进，保证充足的睡眠才能高效科研；在比赛中，我发现我的普通话还是不够标准，要改掉不分前后鼻音的习惯；自律还有待改进，科研有待更加投入，这一点需要向我师兄看齐，师兄出差回来后放下行李就继续投入科研，直到晚上 11 点才离去。

关于 2022—2023 学年的计划

新的一年，新的挑战，本学年的工作计划如下。

1. 科研之路：更多精力投入科研，争取今年有新文章发表。

2. 创新创业大赛：今年即将迎来第十八届挑战杯和互联网＋创新创业大赛，今年也要和团队一起努力，按照预定计划推进比赛，希望取得好成绩！

3. 学生工作：没有疫情困扰的新学期，要策划很多有意思的活动，比如"玉渊潭赏花""点球大战""操场歌会"等，航天月、校运会等也要再创辉煌！

4. 日常生活：坚持一周至少健身 3 次，做身体健康的科研人，要努力科研学习，在空闲之余去周边旅游放松充电。

5. 入党：目前我已经顺利成为入党积极分子，正在接受党组织的考验，要认真学习关于党的知识，按时完成思想汇报，希望可以早日成为预备党员。

6. 自省自改：要经常进行自省，进行阶段小结，对每个阶段的得失进行反思总结，改掉自己的坏毛病，现阶段要努力克服拖延症，做到专注学习，早睡早起，自律严谨，高效科研。

新的一年，新的开始，希望自己可以完成制定的计划。事在人为，努力不一定成功，但是不努力便会退步。怀着轻松平稳的心境，脚踏实地，一步一个脚印的攀登，才能在山顶仰望浩瀚的星空。

评语

杨婧是一个时间管理能力很强的学生。作为学院研究生会主席，统筹组织和创办了丰富多彩的活动，同时作为课题组骨干，参与"青创北京"2022 年挑战杯首都大学生创业计划竞赛答辩获得金奖的成绩。这篇总结既是对自己一年生活和工作的复盘，也展现了一个优秀研究生的精彩生活。

——北京理工大学宇航学院党委副书记　辛嘉洋

释放束缚，启征未来

张一　浙江大学航空航天学院

一、2022 年年度总结

过去的 2022 年对我来说是研究生状态的转折点，是我逐渐学会如何成为一名研究生的一年，对于我来说是非常有意义的一年。

我认为作为一名研究生，学校对我的影响并不会像本科生阶段那样具体。在我的理解下，学校、学院都是给我们提供了一个大的平台。在学习进修的过程中，我不会像在本科阶段一样，受到某些老师的一些非常具体的影响。如果非要说有，那就是自己的导师。这也是必然的，你必然会接受和学习导师的科研态度和科研逻辑。但是我觉得在研究生阶段，个人成长与个人状态是深度绑定的。于是怎样更好地将个人发展与新环境联系起来显得尤为重要。我觉得 2022 年这一整年，学校、老师给予我的不全是科研技能或者学识的增进，这一年更像是我的一场心灵修行，放下过去，才可以拥抱新的生活。我想我 2022 年这一整年都在尝试理解和实践这句话，把自己的状态拉回正轨。

（一）平常心，自在科研

首先来谈谈研究生阶段最重要的工作，科研工作。

这一年我的工作重心在认真学习个人培养计划内的科目部分。与此同时，我在课余时间阅读文献，学习新知识，掌握科研动态与发展方向，积极探索感兴趣的科研课题。一年的工作，让我获得 87.8 分的加权平均成绩，也初步确定了自己探究针灸治疗抑郁症的神经机制的科研课题，并逐步稳步推进。其实刚刚拿到这个课题时，我也是有些不知所措，或者说有些畏难情绪。自己对脑科学领域完全不了解，作为一个门外汉突然要开始做这个方向非常害怕，并且跟组内其他同学的方向也完全不同，没有人可以讨论。就经常出现自己一个人陷在焦虑的情绪中出不来，焦虑这个课题怎么做，焦虑这个课题能不能完成，会不会影响我毕业，焦虑到每天晚上睡不着觉。对于当时那个刚刚进入研究生阶段的我来说，科研的进展状况和我生活上的喜怒哀乐紧密相关。

这样的状态持续时间久了，我发现我自己就高兴不起来了。这就好像是一个恶性循环，科研做不出来，就不高兴；不高兴，我更做不出来科研。虽然好像已深陷泥潭，蹉跎了不少时光的时候，我才幡然醒悟，但好在我意识到了。努力地找原因，用全力恢复到平常心，自在做科研。心静下来了，没有那么多顾虑了，反而会擦亮之前被焦虑蒙蔽的思想，科研好像也没那么可怕。

（二）放下过去，接纳自我

本科到研究生阶段的转变好像在悄然间完成，快到我好像没有一丝丝的察觉。以为发生的变化只是学校环境、同学而已，殊不知表象背后是翻天覆地的改变。而没有做好面对这些改变的同学，比如说我，就必然经历一场痛苦的蜕变。就像前面提到的科研进展的停滞，其实不单单因为跨方向、跨学科，还有一部分是我总是习惯在新的阶段、新的环境拿过去的自己审视现在的自己。这是我 2022 年最大的感悟，不要拿旧环境下的自己与新环境的自己做比较，这没有任何意义，只会徒增烦恼。就好像你和朋友一起考试，但你们的考试题是不一样的，那你们两个人的分数就是没有可比性的。

我对"过去的我"很满意，我还不停地拿现在这个我不太满意的我与之比较，我怎么会喜欢自己呢？我又怎么会相信自己呢？过去是一种经历，而不是一个包袱，我不需要背着它前进。我要做的就是把它放在地上，自己独自前行，然后不断创造新的经历，等很久之后往回看发现一路都是我走来的经历，它们和我脚下的路会一起指引我往新的方向走，是我迎接全新未来的底气。

二、2023 年年度计划

按照培养计划，2023 年我将开始准备我的毕业论文，如果不选择进一步读博进修的话，需要做好后续找工作等事宜。可以想象未来一年将会是非常繁忙的，但我希望自己也不要丢了生活，注重个人的全面发展。本学年计划完成如下。

1. 首抓科研：争取今年能够发表文章。
2. 注重身体健康，最近刚刚开始健身，希望可以坚持下去。

3. 语言学习，提升英语综合能力。
4. 保持反思与复盘的习惯。

> **评语**
>
> 　　张一同学在 2022 年年度总结中表现出对研究生生活的深刻思考和成长。她理解到在研究生阶段平常心和自在科研的态度至关重要，同时也强调了放下过去、接纳自我以迎接未来的重要性。此外，张一作为学院研博会主席，积极组织了许多精彩活动，展现了卓越的领导能力和组织才华，为同学们树立了学习的典范。
>
> 　　　　　　　　　　　　——浙江大学航空航天学院辅导员　方舟

志之所趋，无远弗届

张刘明远　西北工业大学航空学院

一、写在最前

马克思说，任何人的职责、使命、任务，就是全面地发展自己的一切能力。全面发展不是忽视人的个性发展，而是强调人的全面发展与个性发展的辩证统一，德、智、体、美、劳在人身上的和谐发展正是个性完善发展的表现。作为一名研究生，更作为一名信仰马克思主义的青年，我的志向是追求自身的全面发展，2022年也是如此。

2021年考研成功，我成为西北工业大学的一名研究生，新的故事也从此开始，接下来我会从德、智、体、美、劳五个方面总结2022年的经历及感悟，并做出2023年年度计划。

二、大学之道，在明明德

"古之欲明明德于天下者，先治其国；欲治其国者，先齐其家；欲齐其家者，先修其身；欲修其身者，先正其心。"我认为德就是利他，在做事情的时候先为他人考虑便是德。正所谓"修身齐家治国平天下"，首先是修身，无德不足以立身。作为新时代的青年我一直严格要求自己，积极倡导社会文明新风，积极参加志愿服务，以实际行动承担社会责任，关爱他人。

（一）宁夏支教

2022年7月中旬，我前往宁夏固原进行了为期15天的支教，在这里确实感受到了城乡教育环境之间的一些差距。一开始我们很担心没有学生来上我们的课，没想到的是开营仪式上来了40多个小朋友，我们很感动。后来正式上课后，他们会在我们去教室的路上等我们，和喜欢的老师一起去教室，有时候甚至也会提前去教室，在门口等两个多小时，我感受到了他们对老师深深的喜爱。在支教的过程中，我也增强了自己的责任心，收获满满。

（二）志愿服务

疫情形势严重时，我多次担任核酸检测志愿者，维护核酸检测队伍的秩序等；参与送餐活动，为宿舍楼里的同学送餐；在食堂值班等，总志愿时长超过 180 小时。在志愿服务过程中，我也得到了提高、锻炼和发展，精神和心灵得到了满足，更懂得如何关爱他人，也更深刻地领会到生命的意义。志愿服务既是"助人"，亦是"自助"，既"乐人"，也"乐己"。

德才兼备、以德为先，因为德是首要、是方向，有了德，怎么才能有才？答案就是学习。

三、学则智，不学则愚

"古之学者为己，今之学者为人"，学习的目的归根结底在于"学以成己"。应将学习与人生的目的，安放在对自我完善的不断追求之上，让作为生活方式的学习真正成为生活与工作的底色。

科研竞赛

下半年我通过自学自动控制原理、C 语言、单片机嵌入式开发等，希望能够找到自己感兴趣的研究方向。由于自己之前并没有接触过这些方面的知识，所以一开始学起来非常吃力。但是随着对嵌入式单片机的学习越来越深入，我自己对它越来越感兴趣，感觉找到了自己喜欢的研究方向。2022 年参加了一些竞赛，也取得了一些成绩，例如获得中国未来飞行器设计大赛校赛二等奖，也成功入围研究生英语演讲决赛，在西安市求职大赛中获得研究生组一等奖。在参与竞赛的过程中会遇到各种问题，在解决这些问题的过程中我也培养了解决问题的能力和学习的能力，吸取了很多经验和教训。

体育一道，配德育与智育，而德智借寄于体，无体是无德智也。

四、欲文明其精神，先自野蛮其体魄

毛泽东曾讲，身体是革命的本钱。法国启蒙思想家伏尔泰也在很早就提出了"生命在于运动"的至理名言。由此可见，强健的体魄对于个人而言是多么的重要，而强健的体魄则来源于体育锻炼。

体育锻炼

2022 年我主要围绕跑步和健身开展体育锻炼。其中最先开始的是跑步，我已经坚持跑步 6 年有余，累计总距离超过 4000 千米。我很喜欢跑步的感觉，足够简单，不需要太多技巧上的思考，边听歌边跑步的时候还能总结一下最近做的一些事情，有哪些需要提高的地方，有哪些做得不足的地方，想想之后的工作、学习计划。

后来在朋友的影响下，我开始接触健身，想要通过健身来增加自己的力量。一开始一周一次，后来发现健身塑形效果显著，看到了切实的效果心里很受激励，慢慢调整计划到每周健身两次，时间久了，也喜欢上了健身这项运动。但是不论选择何种锻炼方式，关键还是要坚持下去，调整好生活、科研之间的平衡状态。

古希腊哲学家柏拉图在《理想国》一书中阐明了艺术和体育的重要性，培养优秀人才，艺术体育非常重要，二者缺一不可。只重视体育，容易培养出好斗、进攻性强的人格，所以教育者需要同时教授艺术，比如音乐，去让学习者的内心变得温柔；若是只重视艺术，学习者又容易变得多愁善感，敏感多疑，缺乏果敢气概。所以只有将美育和体育结合起来，才能够培养出外表强壮内心温柔的人格。

五、美是人的本质力量的对象化

马克思说，美是一切事物生存与发展的本质特征，社会的进步就是人类对美的追求的结晶。美存在于人和动物产生区别的生产劳动中，它反映的是社会文化历史积淀于人的意识中的生产活动的本质，美是人的本质力量的对象化。作为研究生，我也一直在培养自己的审美情趣，从生活、科研中发现美，并且感受美，让审美带来的美好心境帮助我更加热爱生活，激励我在科研之路上勇敢前行。

科研之美

科研之美在于那些充满创新的想法不仅令人惊叹，还能在实现以后为社会创造价值。在学习自动控制原理的时候，我也感受到了控制律之美，建立反馈，就能实现各种控制。因为项目需要我们做一个小型直升机，但是传统直升机的桨叶、桨毂太过于复杂，不能将直升机做得非常小。我在查找资料的时候发现国外的一篇论文，是通过周期控制电机转速，再加上一套设计非常巧妙的桨毂，就能在理论上实现传统直升机的运动，这一套设计非常简洁并且也得到了验证。我当时看到这个绝妙的设计，不禁感叹真的太美了，这也极大地激发了我的科研兴趣。就这样，通过不断收集资料，查找论文，我终于定下了自己的研究方向。

审美是一种人生实践，美是一种人生境界，而劳动又创造了美。

六、劳动创美好，实践育真知

古人云：读万卷书，不如行万里路。要坚持从实践中来，到实践中去。2022年我参加了很多实践活动，在这些实践中真切地感悟到"纸上得来终觉浅，绝知此事要躬行"。

（一）国际教育学院助管

在国际教育学院招生办公室当助管期间，我认识了很多留学生，并且和其中一些同学成了非常好的朋友。通过与他们交流，一方面接触不同国家的学生，听他们分享自己的经验，了解到了不同国家的文化，极大拓宽了自己思考问题的思路；另一方面提高了自己的英语口语和写作能力。我的语言表达的能力得到了很大的提升，基本可以做到无障碍英语日常交流。

（二）暑期社会实践

暑假我参加暑期社会实践并担任学院重点实践队队长，前往了多个革命圣地，一路上的经历让我感触颇深。在华北军区烈士陵园看到一位退役军人为烈士献花，我内心的崇敬之情油然而生。我告诫自己历史不能忘，那些为我们付出生命的革命烈士不能忘；这一路都在告诉我们"赶考"仍在继续，奋进正当其时。我们实践队最终获得校级二等奖，并为学院建立了新的社会实践基地，我也获得了暑期社会实践先进个人。

德、智、体、美、劳五个方面各有其本质特征，各有其内在要求，但在实践层面，德、智、体、美、劳五个方面是一个相辅相成、相互渗透、不可或缺的有机整体。

七、写在最后

2022年已过去，这一年总体上我是比较满意的，取得了一定的成绩，也一直遵循全面发展的初心，各方面都得到了锻炼和发展。"凡事预则立，不预则废"，2023年希望我能继续追求全面发展，做好计划并坚决执行下去。"功崇惟志，业广惟勤"，勤奋学习，多尝试，遭受挫折也不要紧，及时调整心态，勇敢面对。

凡是过往，皆为序章。过去的已经过去，走好当下的路才是最重要的。"志之所趋，无远弗届，穷山距海，不能限也。"新的一年，唯有奋斗！

评语

张刘明远作为学院研究生会主席，既能组织好各项研究生活动，又能取得综测专业第二的好成绩，同时取得了多项国际、国内竞赛一等奖。这篇总结也展现了一个优秀研究生在思想深处的知行合一，结合马克思主义哲学对以往经验的深刻总结，值得学弟、学妹们学习。

——西北工业大学航空学院党委副书记　赵超

博 士 生

生活平淡，生命精彩

赵晓睿　清华大学航天航空学院

刚刚结束的 2021 年是我的本命年，似乎经过每一个甲子人都会走到新的阶段，古人讲三十而立，如今我也不自主地朝着而立之年奔去，这般想想还是有些奇妙。

已经在清华园待了一年半。这一年见过了园子里的春夏秋冬、烈日严寒。2021 年夏季的北京像极了南方的城市，连绵不断的雨真的让人晒不干衣服，四面八方都是躲不掉的潮气。这一年的冬着实很暖，没有下几场雪，没有刺骨的寒，没有牢牢实实结成冰的湖。这一年，我开始和这座城市产生更多的交集，去游览这里有怎样的景色，去聆听这里有怎样的故事，去颐和园，去南锣，去奥森。一年的时间过得很快，我有时记不清楚那些事情是上半年还是下半年发生的，可能因为暑假不再休息太长的时间，也可能往后的日子都会如此。

放下敬畏，脚踏实地

我还记得刚入学时，一切全新的事物和挑战让我措手不及。不知道这新的阶段该是怎样的节奏，那时跟跟跄跄地走，就像爬到了一个坡顶，费尽了力气维持着，可四处皆是矮地，摇摇晃晃，稍有不慎就会摔倒；那时有同学调侃我上课都上不明白，确实那时我很多东西都不懂，不懂科研，不懂工作，略有一丝扰动都会把自己变得特别焦虑。我坚信那种不断向上的生命力，一边左摇右晃，一边打破困境，慢慢把脚下的土地踩平。

对我来说这一年最大的收获，莫过于渐渐摸索出了科研的节奏，放下畏惧，保持平常心，一步一个脚印去做。

把握大的框架，不要陷于细节，这是我明白的第一个道理，也是我今后需要不断培养的能力。我以前很喜欢去琢磨一些细枝末节的东西，研究明白它们很有成就感，觉得抓着一个东西不放直到想透彻是一件很了不起的事情。曾经凭借这样的习惯，我得以培养自己的逻辑思维，拓宽知识面。诚然，在时间充裕的情况下,"抠细节"有时也是一种不错的能力。可在时间有限,或是涉足一个全新领域的情况下,这般习惯就显得有些束缚手脚。

去年冬天在探索新课题时,徐老师就告诉我,就像到了一个新地方,先去观看地貌,看看哪里是山哪里是水,哪里有树哪里有鱼,了解清楚大的框架之后再去一层层深入探索,我是知道这般道理的,可实践起来还是会遇到一些问题。我个人认为这往往是由于对研究目标把握不清引起,一边用望远镜远观地貌,一边却又被水中各种各样的鱼儿吸引了过去,开始琢磨它们怎么游动,这是不可取的,往往浪费了时间,并且打断了自己的思路,其实可以等完成这项任务之后,如果有必要去水边花些精力去研究,这才是可取的方式。而另外有些时候则是完美主义在作祟,可能从前的思维习惯就是 100 分比 99 分更优秀,所以便会费尽心思去琢磨那一丝一毫。可现实往往不是这样,第一名不是一个人,而是第一梯队的大家,把精力放在那些让自己成长更快的事情上,这才是自己应该做的。白峰杉老师说,一个人不能陷入细节,否则他什么都干不了;一个人也不能做不了细节,那他就废了。仔细想想这句话很有意思,也有道理。读博这个过程有时就是磨砺自己的心性,去摸索究竟怎么做才能平衡。

不走极端,不去苛求完美,也不能躺倒不干,这是我明白的第二个道理。去年十月份开始,我就在拟合一根曲线,我调侃自己这项工作做了一个学期之久。起初是想采用一个简单的形式,后来发现有些部分会有一些偏差,进而加了一个修正项。其实就是这么简单的工作,但是自己总是有些纠结,有时感觉拟合不准,有时又觉得参数过多,拟合时也在各种方法之间徘徊难以抉择。上次在和两位老师讨论时,老师们说我不要总是钻牛角尖,不要想在一个简单的地基上盖高楼大厦,也不要一发现高楼大厦盖不起来就躺倒不干了,两个极端都不可行。我仔细想想觉得很有道理,自己好像确实很多时候有些极端,总是想要近乎完美地解决一件事情,遂不了自己心意时却喜欢放弃,其实只要心态平和地看待问题、解决问题,一切都会变得容易而又顺利。

肯定自己,保持平常心,稳步推进,这是我明白的第三个道理。如果前两者是科研的世界观,那么这条就是科研的方法论。在清华读研,每个人都需要相对独立地承担自己的课题,需要很强的学习能力,这是一件好事,却也是一件难事。上课的节奏很快,需要自己回去下功夫,读论文时要掌握的知识很多,需要去学习新的理论,去入手新的软件,之前总是对自己的能力不自信，面对复杂的公式会发怵，对不懂的理论不愿意去学习。后来慢慢发觉其实没有什么是学不懂的东西，推导公式时候一边看数学，一边看物理，一边入手做，一边学习研究，做笔记、勤动手、不纠结，依照计划稳步推进，不懂的东西去问老师、师兄，知识慢慢就学懂了。把看似复杂的、难以完成的工作分成几个部分进行：小的任务，大的模块，费脑子创新的工作，机械烦琐的工作，协调稳步地推进，一切最终的目的就是解决问题，锻炼能力。

那究竟如何开始一个新的科研项目呢？我想这个问题就是考核我这一年科研思维、能力提升的命题。

首先，调整心态，积极接纳这个课题，调动自己的积极性来研究它，这是做好一切事情的前提。在实践方面，前期去调研研究背景，前人做了哪些工作，取得了哪些成果，创新点、难点在哪里，这项工作的贡献在哪里。这是自己一边读文献，一边需要思考的问题。思考不是一件易事，前期文献调研很重要，往往直接决定了自己工作进行的方向，必须花时间花精力，小的项目需要十天半个月，大的课题可能需要一个月甚至数月，这就是一个"看地貌"的过程。

其次，在研究过程中做好规划，做好记录，一丝不苟地去克服这一过程中遇到的问题。做研究本来就是一个发现问题、解决问题的过程，肯定自己的能力和主观能动性，自己勤思考勤学习，不纠结不沉陷，实在难以攻克的问题积极寻找老师同学的帮助。这里需要把握适度原则，靠己和求他需要平衡，深入琢磨和大步向前也要平衡。这是研究的主体过程，需要不断迭代打磨，吸收新的知识，培养新的能力，掌握新的技能。也许当大大小小四五个新的突破发生在自己身上时，这项工作就比较完整了。这过程短则数月半年，长则一年数年也是正常，推陈出新就在这里。

最后，重视整理工作，这方面自己还未太系统做过，因此经验不是很足，简单几点感悟就是如果对自己的工作认可度、掌握度越高，整理起来就越容易。中期记录越详细，整个工作的逻辑性越好，整理起来就越顺畅。以上只是自己的一点粗略见解，需要在实践中不断完善自己的认识和工作流程。

简单回顾一下自己这一年在学习科研上取得的成果。

在学习上，修完了必修课程，学习了空气动力学、湍流、计算化学、分子模拟的课程，还旁听了本科生的统计力学和量子力学，虽不能说掌握得很牢固，但这些基础知识能帮助自己在阅读相关文章时有个最基本的认知。

在科研技能上，学习了 Linux 系统操作、Fortran 语言以及 Matlab 软件，这些都是最基本的工具技能，可以说几乎是自己第一次接触的。学习代码是一件很有意思也很必要的事情，各种软件就是通过代码实现。现在会用 Gaussian、Fluent、LAMMPS 等商业（常用）软件，也能用组里的几款动力学计算的祖传代码，帮师兄测试了他写的 Jupyter，也用了一款从 GitHub 上找到的 C++ 的软件，了解到现在许多计算软件都是用 C++ 和 Python 写的。那么新的一年我需要努力的方向是掌握它们，并开始有意识地学着写一个自己的小软件出来。

在科学知识方面，我学习了化学动力学的一些知识：轨迹法、能量传递速率模型、主方程、非绝热动力学、界面反应模拟等，这些知识基本都是自己看论文学来的。当然自学这些的基础还是专业基础课，新的一年我会系统地学习化学动力学的知识，掌握一些经典的理论和方法。

奋勇百年，砥砺前行

2021 年是建党百年，也是清华大学建校 110 周年。去年整个一年着实举办了各种各样的活动，建党百年的专项活动、校庆的文艺汇演等。有些活动自己积极参与，感受到了那一份热闹，有些活动遗憾没能到场，希望新的一年再接再厉，参与更多有意义的活动。

上半年的时候我还在校志愿服务部，有幸作为场务人员为校庆晚会提供服务，也得此机会观看了晚会的全过程。这是一次很难忘的经历，其中令我印象最深刻的是那些高龄的清华人，不论是"我还是从前那个少年"的合唱团，还是跳鄂尔多斯舞蹈的老校友，还是耄耋之年的黄克智老师，他们不仅践行了"为祖国健康工作五十年"的口号，还活出了自己的风采。一批一批的校友站起来向母校汇报的场景我至今历历在目，这是一群多么认真而又卓越的人哪！夏天去观看了《大学》纪录片，不论年幼年长，从学生到老师，四位清华人的剪影，浓缩了一代代清华人的故事。

另一件令我深受启发的事情，就是去年九月份有幸去航天五院采访时任总师王翔校友。聆听了他的成长故事，借此契机知道了清华航院的故事，知道了一代又一代清华航天人的故事。在中国航天事业的发展史上，不论是勇挑重任的王永志院长，还是逐梦星河的航天员，再到如今年轻的航天科研工作者，清华都在贡献着自己的力量，进一步加深我对所谓入主流、上大舞台的理解。

我已经成为一名入党发展对象,离党组织更近一步,参与了党内多次组织生活会,还有支部共建、红色景点参观等。我和王致和支部一起共建,了解传统老字号的现代化科技;前往香山革命根据地参观学习,聆听老一代革命前辈的故事;还和团委的同学们一起参观了党史纪念馆。经过一轮一轮的学习和考核,我更坚定了自己入党的信念,学习先进文化的知识理念,立志做一个为国家发展、社会进步做贡献的人。

平淡如水,温暖陪伴

天津的东丽区和喧闹的市区截然不同,有一条大河把这里分成两边,一边生活,一边工业生产。这里有天津的机场,还有一些重工企业,就像我想象中的改革创新区。这里的人不多,有小小的湿地公园,有各种各样的美食店铺,有一个很大的商场,挂着十年前的流行风格的海报。当我骑着小电动车驶过河边,感到一种从容和平静,那时我想生活也该是如水这般平淡真实吧。

这一年,我们一起走过了许多地方,从平静到亲密,从山间到海边。我们见过圆明园的猫,吹过五月的风,看过崂山的云,踏过天津的雪。

有一个很大的感悟,就是年龄越大,时间就会溜走得越快。到北京读研离家近了不少,每次长假短假都能回家看看,寒暑假加上五一国庆,一年可以回来四次。我会带爸妈去买买衣服,看看电影,吃吃烤肉,每一次活动结束都会筹划下一次。这一年去看了春节档的《你好,李焕英》,看了国庆档的《父辈》,吃过了烤鸭春饼,吃过了烤鱼,吃过了海鲜烤肉,之后还会安排更多的活动。我知道,工作后陪伴爸妈的日子只会更少,那对健壮的臂膀、那双温柔的手会慢慢布满皱纹。妈妈说,中国人的爱总是向下传递的,爸妈给孩子的爱总会更多。我想,如今的我该和父母多些待在一起的时间,多陪伴他们。

> **评语**
>
> 赵晓睿爱思考,行动力强,正在科研的道路上迈步向前。该文内容丰富,行文流畅,以灵动的文字记录了他自己这一年在科研、学习、社工、生活等方方面面的经历与感悟,情感充沛,是一篇翔实的年度总结佳作。
>
> ——清华大学航天航空学院党委副书记 张宇飞

成熟与暮气间隔着道墙

柯志昊　西南交通大学轨道交通运载系统全国重点实验室

  生命本没有意义，你要能给他什么意义，他就有什么意义。与其终日思考人生有何意义，不如试用此生做点有意义的事。

——导语

一、节奏

  我特别喜欢 NBA 篮网队控球后卫欧文的打球风格。欧文的球风就像一曲宏大的交响乐，无论对方怎么防守，他总是可以很好地依靠自己的控球节奏，将防守方带入到自己的运球模式中。一曲终了，篮球空心入网。

  和篮球控球很相似，世间万物都有着其自身独特的发展规律和生长节奏。梅花不会夏天开，柳树很难春天败。人们通过掌握动植物的生长规律，归纳总结出了"二十四节气""齐民要术"等务农经验，以更好更快地发展生产力。但同时，我们通过经年累月所形成的内在生活规律，在遭遇外部发生的"黑天鹅"事件干扰下，显得不堪一击——在 2020 年的疫情冲击下，我的生活缩影，就是一个很好的例子。

  2020 年我自己的学习工作节奏被突如其来的疫情打乱了。不知不觉中，我开始放下自己的读书计划，办理的健身卡和私教课也在墙角吃了灰。不再早睡早起，对于学术知识的渴望也不再强烈，甚至产生了一种迷迷茫茫过日子也很舒服的感觉。整个人开始变懒，学习开始变散，节奏开始变缓。恍惚间，没有一点点留痕，甚至根本没有一点点对于自己成长的记忆。2020 年就这样过去了，365 天就这样过去了。当我打开电脑，期望着可以对 2020 年进行一些记录什么的，我不知道该记录些什么，可以记录些什么。我就好像站在原地，可时间却真真切切地溜了过去。我的节奏被完全打乱，我很难找到曾真实度过或存在于 2020 年这一年里的任何证据。

可是，时间就是时间，它不会因为你的悲欢喜乐而减少增多，变的只是自己的心境和对待事物的态度罢了。每个人都拥有只属于自己的成长节奏，找到自己的节奏很重要。同时，自己的节奏不被外界所扰动也很重要。我想，证明自己按着节奏成长，证明自己真实存在过的依据，就是每日留痕吧。

每日读书五十页，是我意识到这个问题之后，做出的第一个改进。开始，我并不能预期这个决定能否帮我返回正轨，直到我看到一本又一本书被读完，每一天都有五十页书本在加厚，相比于从书中所获得的知识，更重要的是，这些读过的书可以证明我真实地存在过这世间，真实地度过了这时间。向我证明，且只需向我证明。书页一次次有规律的翻动，就像我血液中流动着的脉搏跳动，就像我的成长节奏一样。我觉得相比于黑暗，人类更为害怕的是有关于自己信息的泯灭和自己所存在过痕迹的消失。每日留痕，不仅可以帮助自己建立起稳固的成长节律，更能够让自己面对突如其来的黑天鹅事件时，处变不惊。

节奏分快慢，人生有长短，人的成长节律并不是一成不变的。十岁以下，我们倾向身体发展；十岁到二十岁，我们注重知识人格的健全；二十岁开始，我想，对于我自己来说，更多的则是开始考虑如何变化自己的成长节奏。2020年，我曾思考过，自己所说过最多的一句话应该就是"再待一会""再看一个""再打一场""再吃一口"等这些看起来根本无伤大雅的事情。可是慢慢地，我发现，"再玩一球""再赌一局""再睡一分钟"，这些看起来确实都是小事，但那里面所隐藏的"自我妥协"的病菌，却可能侵蚀你的骨髓，使你一辈子都站不直。

"雨里跑步，疯狂读书"这应该是我在2020年为了所谓的"自律"做过的最疯狂的事情。有的时候，我们会认为做事有规矩，给自己定规矩是优秀自律的表现。诚然，大多数时候确实是这样。但当两种我们自己所制定的规矩爆发冲突时，我们的内心会无比痛苦，开始怀疑自己所制定的规则是否正确。但是，我们有时候却忘了，世上没有两片一样的树叶。看似相似的事情的处理，其实也不尽相同。所谓的自律，其实也不一定符合正常的成长节律。我们没有办法一天成为学术专家，也不会努力了而永远一事无成。有的时候，慢即是快，少即是多，一类一物，一心一意，一时一事。张弛有度，松紧有时，灵活有变，这才应该是一种良好成长节奏所应该具备的。

二、守得清明人自开

如果说掌握好自身成长节奏是我在 2020 年对于做事的一点感悟，那么"守得清明人自开"则是我在这一年中对于做人的一些感想。再进一步，是我在思考一个人如何很好地面对失败和成功时的一点心得体会。

"清明"我将它寓意为清楚、明亮之意，指的是内心的通达与豁然。"开"我认为则是做到"清明"之后所形成的一种开放的胸襟和广阔的胸怀。而这种境界或者为人方法的磨炼，不仅仅需要对自身能力有一个清楚的认识，更要对自己的未来发展有一个长远的规划，其最直接的体现在于一个人对待其自身成长过程中，遇到失败或成功时候的态度。

人生面对失败的态度，其实已经是一个老生常谈的话题了。尤其是在互联网时代，越来越多的育儿经验也好，越来越高频出现的励志美文也罢，都在强调，一个人需要培养和提升自己的逆商，自己在面临大挫折、大困境时候的心态。这确实是没错的，在 D 老师和 K 老师的指导与培养下，我也因此受益良多。

可是，在 2020 年，我突然发现，一个人的成长和改变还是应该从最朴素的地方做起。大的困难和逆境固然能十分锻炼人，可我们仔细思考之后，便能发现，真正击垮一个人自律意识的，并非我们所说的大困难，而往往是接连出现、纷至沓来的一个又一个小困难。说好每天跑步，有一天没跑就想着全盘放弃；说好每天读书，有一天没看就想着从头再来；说好每天早起，有一天睡了懒觉就开始否定，并开始规划着下一轮所谓的"自律"何时开始。"我习于冷，志于成冰。冰水由之，非一日寒。"可是，真正的自律，不应该是由于外界环境原因，而应该是从内心深处对于这种生活方式的认同。

小的困境与大的困境，最不相同的地方就在于，大的困境给了你一次一键重启的机会。当然这种机会是无奈的，是被动的，更是唯一的。也正是因为这种唯一性，这种没有办法的办法，会逼迫着你从绝境中燃起新生的希望。因为你"一无所有"，也正因你"一无所有"所以"无所畏惧"。但，面对小的困境，尤其是那些看起来微不足道，却可能侵蚀你一生的事情来说，我们并没有一个很好的办法来对待处理它。至少我现在还没有想到，我们只能咬咬牙，能撑过去的人就撑过去了，而没能撑过去的人，就只有干脆撕毁了这张人生没有写完的答卷，渴望着重头再来，但时间却很难给你从头再来的机会。

"人不出门身不贵,火不烧山地不肥。"我们需要培养一种能力,一种在废墟上重建自己的能力,这种能力会在我们遇到小困难的时候,抑制住我们内心撕毁人生答卷的冲动,促进我们对于人生现状和前进方向的认知。

这种小困难所折射出来的社会现象就是"反正我都这样了,也挺好的,何必改变呢?"这其中,不仅仅是对自身成长的不负责任,更多的是对于改变后未知结果的恐惧。我在2020年,也会经常有这样的想法,不知如何解决。直到有一天看到了这样一句话,"不知其所者久,死而不亡者寿",觉得好像是找到了解决这个问题的答案,但好像又不是,只能留着下次遇见时,好好躬行求解了。

相比"如何面对失败","如何面对成功"鲜有人提及。当我开始思考这个问题的时候,我自己都被自己吓了一跳,因为我不知道自己是否有资格思考这个问题,同时我也并不清楚自己为什么要思考这个问题。

当然,为了解决这个问题,首先,我们需要定义,什么是成功。从广义上来说,我认为"成功"就是凭借自己多一点点用心,多一点点勤奋,多一点点思考,多一点点细致,完成了从平庸到杰出的转换过程。是凡物加倍磨治之后,最终量变引起质变。在我的认知里,我愿意将"成功"称为一种过程导向而非结果导向的事物。原因很简单,成功是加一分,失败是不加不减。这样想,你的人生就会一直向上,而一直向上的人生本就不存在什么最终结果。倘若你的人生有了所谓"成功"的结果,那你的人生也就停止了向上生长的劲头。

所以,我认为面对成功的态度要比面对失败的态度难得多,因为在你完成阶段性成功之后,相比失败,你将拥有更多的主动权。而正是这些主动权会让你变得迷茫,你开始思考"这道题我是不是不应该不会""这个奖是不是我应该拿得到""这个理论我是不是必须掌握"等诸如此类的问题。而正是这些问题将会把你带入一个误区,一个让你开始封闭自己,不接受外部反馈的误区。而进入这个误区后,你大概率会停滞不前,因为你知道自己在别人心中是优秀的,是厉害的,甚至是不能出丑、不能犯错的。为此,你放下了试错的机会,放下了一往无前、无所畏惧的勇气,更放下了向前走的脚步。

可是,同时,你又会开始想,自己什么时候才能成为自己心中所仰望的那些人,那些真正优秀的一发不可收拾的人?你的心情愈发急躁,形成了一个怪圈,一方面你害怕犯错,迟迟不动;一方面你想要追赶,急躁紧张。这个怪圈我把它称为"骄躁",解决的办法虽然很简单,但即使这样简单的办法，我也在 2021 年中，挣扎了一整年才有所感悟。

不要和比自己差太多的人比较，这叫不骄。

不要和比自己强太多的人比较，这叫不躁。

不骄不躁的人，日子才能过得舒服，生活才能向前。我也开始意识到，两段"成功"攀爬的过程中，总会有一段缓平坡。这一段缓平坡里，可能包含着自身成长的各种情绪，而这些情绪积累到一定程度，便是沉默。而这一段沉默的时光，是我们付出了很多努力，却得不到结果的日子，我愿意将它叫作扎根。极度渴望成功的人很多，愿意为之付出非凡代价的却很少，而这样的扎根本就是我们所需要付出的代价，或者它本就是成功本身。

三、成熟与暮气之间隔道墙

2020 年，我开始去思考，"为人处世"可不可以模式化——什么时候该做什么样的事情，什么时候该说什么样的话，是不是有了标准就是有了自己的原则，不坚守标准就是不坚守自己的原则呢？内容决定于形式，形式反作用于内容。就像电影一样，当一个人开始全神贯注地思考一个问题的时候，你日常生活中的所作所为就是你思想的最好映射。

但，其实，我们很难去模式化地衡量一些东西，因为连我们所存在的物质世界都是概率的，而人情世故则更是不可捉摸的烟云。一件事情的做法本没有对错好坏之分，更多的只是事情本身的发生合不合理，处理事情的方法合不合适。

可是，我们怎么才能把一件事情处理得合适呢？换句话说，我们什么时间应该以退为进，什么时间应该以进为退？随着知识的积累和经历事情的增多，我愈发地感觉到成熟和暮气之间隔着一堵无形的墙，但我并不知道它的具体位置。好像多一分便带了暮气，少一分便不够成熟，以至于我后面做事开始变得愈发束手束脚，很不自然。而这堵墙在与 K 老师交流之后，我好像慢慢地能摸到一些，但又不真切。不过，我知道这堵墙在中国文化里面，叫作"度"或者"中庸"。但"度"这个东西，玄之又玄，远非我所能完全体会。不过至少，现在的我可以做些什么了。

从小处着手，和情商高的人学做人，和实力强的人学做事。虽然，有些时候，我对一件事情并没有找到合适的处理方法，但，我可以从书中和身边优秀的朋辈、老师身上学习，向 K 老师学习为人处世的方法，向 D 老师学习严谨治学的态度，仔细品味，慢慢体会，大有裨益。

接着，我开始尝试着自己把成熟和暮气之间的这堵无形的墙画出来，慢慢摸索其界限，不断尝试逼近。虽然也会遇到问题，但我开始变得很少抱怨，往往出现问题的时候，将自己的主要精力集中于解决问题而并非调整情绪。

最后，从大处着眼，我开始培养最为基本的历史自觉感。什么是历史自觉？我认为主要有两点，一是自我对社会运行规律的深刻领悟，二是能够对历史发展前景的主动影响。这一点不仅仅是一个优秀学者必备的品质，更是每一个年轻人所需要思考的问题。

四、2020 年完成的十件事

这里总结了 2020 年所完成的，对于自己来说最有意义的十件事情。

1. 改变自己的科研方向，从传统的土木工程到自己所感兴趣的高温超导方向上来，很开心，很激动也很紧张。
2. 参与发表论文 2 篇（SCI，实验室对分区还未定），并完成 5 篇文章的审稿工作，对于自身的学术能力有了很大提升。
3. 参与实验室课题组的世界首条高温超导磁悬浮工程试验线启用，最近全网爆红，虽然自己所贡献的力量很小，可是与有荣焉。
4. 参与 HW 公司的控制研发项目，这个是自己第一次主要参与的科研项目，一定会竭尽全力。
5. 参与课题组第一本科普书籍撰写工作。
6. 第一次组会汇报科研想法和进展获得了老师的鼓励与支持。
7. 体重从 182 斤下降到了 166 斤，身体状态得到恢复。
8. 为安家做了不少准备工作。
9. 读完了含科研书籍在内的 27 本书，其中最厚的一本页数达 1178 页。

五、2021 年的十个小目标

我将对自己的要求和期望整理归纳为以下十个小目标。

1. 每天起床之后叠被子，整理床铺。
2. 一周有 5 天进行锻炼，学期结束后将体重减到 135 斤（现在 166 斤）。
3. 完成所有的博士课程。
4. 具备最基本的学术科研能力，完成一定的理论知识储备。
5. 所有项目书、科研工作提前 3 天完成并提交。

6. 可以很好地完成一项课题组科研横向任务。
7. 发表研究领域文章 2 篇。
8. 对中国历史的全部发展有一定的轮廓概念,可以较为完整地描述中国历史上各朝代发生的大事件。
9. 培养自己最基本的历史自觉性。
10. 安家。

六、结语

泡面煮两分钟是生硬的,三分半刚刚好,任何事情都要慢慢来。时间这个东西很神奇,它会化解一切看似无法对抗的东西。因为,要么你内心逐渐强大,问题不再是问题;要么情随事迁,逐渐释然,问题也不能算个问题。我想,自己 22 岁的年龄应该还是可以被称作少年吧,少年似刀,定要在成熟与暮气之间划分开来。成长是一个很漫长的过程,没办法快进,也无法后退,就像有些太阳只能自己晒,别人替你晒不来。

2020 年的自己放下了很多东西,但同时也愈发明确了自己的发展目标。明晰己需,决不贪多求全。当然,我也曾一直以为,不断放下,就是一个人成长的代价,但其实,放下本就是成长本身。关关难过关关过。

最后,希望现在的我,不羡慕谁,不嘲笑谁;希望未来的我,眼里有故事,脸上无风霜。

> **评语**
>
> 柯志昊作为课题组的博士研究生,在夯实自己学术基础和专业技能的同时,也主动积极投身项目实践,不断反思,见贤思齐。这篇总结也展现了一名目标明确的博士研究生在科学研究和思想深处不断总结思考、日日复盘并不断完善的特点,值得同学们学习借鉴。也祝愿志昊能学有所成、不改初心,科研路上再创佳绩。
>
> ——西南交通大学超高速真空管道磁浮交通研究中心副主任 邓自刚

逝者如斯,当争朝夕

王进　浙江大学航空航天学院

一、前言

晚清名臣胡林翼有言,天下事只在人力作为,到水尽山穷之时自有路走,只要切实去做。故而做事之成否,在于是否落到实处,虚浮则事败,踏实则事成。所以我国当前的知识分子应当既要是现代的,又要是乡土的,既要能引领世界潮流,又要能回到人民群众中去并被人民所接受。竺可桢老校长曾经说过:"诸位在校,有两个问题应该自己问问:第一,到浙大来做什么?第二,将来毕业后做什么样的人?"这时常会引起我的思考;作为一名高校博士研究生,中国共产党党员,我内心也渴望着以后能够用自己的学问为祖国的建设尽一份力。

在第一次来学校报道的列车上,由于对前途的未知有感而发,写了一首小诗。

> 楚地四载多蹉跎,
> 自谓不敢称楚才。
> 而今迈步入江浙,
> 未来可期亦有惶。

就这样,带着对未来的迷惘和憧憬,我开始了新的学习生活。时间过得真快,现在我已经是一名二年级的研究生,下面将对过去的 2020—2021 学年做一个总结以及谈谈正在进行的 2021—2022 学年的一些计划。

二、学习生活情况和经验心得

(一)本学年主要做的事

1. 科研任务——数学模型的构建、计算程序的编写。
2. 课程安排——上课、作业、考试。

3. 互联网＋创新创业大赛——作为组员参加了第七届国际互联网＋创新创业大赛。

4. 支部书记——担任了一整年班级学生党支部书记。

5. 日常生活——坚持学习毛笔字；广泛阅读文史哲类书籍，背诵诗词；坚持跑步。

6. 暑期社会实践——参加了为期一个月的政务实习。

（二）本学年取得的一些成绩

1. 阅读了大量研究方向相关的学术论文，独立完成了计算程序的编写和调试，并获得了一些结果。

2. 基本完成相关课程安排。由于第二学年出国的原因，还有三门课没修。

3. 阅读了《毛泽东选集》（1、2卷）、《鲁迅全集》（1卷），以及其他书籍诸如《战争论》《东晋门阀政治》的部分，并做了一些笔记；背了80余首诗词（非高考必背内容）。

4. 获得的荣誉：浙江大学优秀共青团员、社会实践先进个人、优秀研究生、优秀研究生干部、社会实践单项奖、第七届国际互联网＋创新创业大赛省赛金奖（队员）、第七届国际互联网＋创新创业大赛国赛金奖（队员）。

5. 个人身体素质得到提升，绕西湖夜跑（13千米）配速由最初的5分50秒左右提升到现在的5分左右。

（三）关于科研方面的问题

大体可以分为科研态度和科研方法。

科研态度过去一年可以概括为：大学之后大玩，大玩之后大学，大部分时间以应付组会为主，总而言之就是缺乏主动性。例如刚入学的第一个月，充满干劲，把参考文献上的内容复现之后，似乎觉得自己是完成了大部分工作，而后开始进入混日子的状态；临近放假，回顾这段时间发觉自己没做啥，继而开始抓紧时间弄，待到假期又无所事事，新学期又开始新的循环。

科研方法方面。学术文献的阅读无精读略读之分，随后才慢慢意识到这个问题，在一定程度上造成前期的效率偏低；缺乏主动性，很少找导师讨论，觉得自己能够解决问题，后面事实证明并非如此；在科研软件的使用上比较单一，不愿意去学习其他有用的软件，自认为节省时间，其实反而把路走窄了，最后也没有节省时间。

因此，在以后的科研中应该注意科研规划以及时间管理；做到不懂就问，与别人交流之后既获得了知识又节省了时间，死磕会浪费大量时间，所以要与导师和同学多多交流；在切实需要的情况下要学习其他有用的软件，提高自己的科研技能。

（四）关于参加第七届国际互联网+创新创业大赛的感悟

参加这次比赛最大的收获是从高年级学长和学姐他们那里感受到一种高度的自律和做事的一丝不苟。其间参与了策划书的检查修改、培训会以及预答辩等，还有平时向学长请教科研上的问题、交流学习心得等，这些都使得我受益匪浅，尤其是他们高度自律下的时间管理更是让我汗颜。想到平时的各种拖延症和一些时候的不懂得拒绝，这次经历将会催动我去逐步改正这些坏习惯。

（五）就日常课程学习、兴趣爱好以及生活习惯的看法

关于日常课程的学习，对于与研究方向无关的课程，不会太放在心上，抱着考试能混过关就好的态度，但是长此以往，就会慢慢对周围事物失去兴趣，造成自己知识体系的单一；从某种程度上来说是畏难心理和嫌麻烦心理，自己慢慢就变成一个机会主义者，机会主义者迟早是要出问题的，而出问题的根源就是平时工作没做好。

关于兴趣爱好，在阅读方面，确实完整阅读了一些书籍以及上网看了一些讲座，同时记了相关笔记，积累了一些知识。但是随着阅读书籍和观看相关讲座、纪录片的数量的增加，深感自己知识储备不足的同时囤积了很多书籍，毫无规划，只凭感觉去看其中的一部分，大多数时候这部分还没看完就去看其他的部分，这就颇有点叶公好龙的感觉了。所以，在阅读的过程中，如果坚定想法想了解某一部分，应当踏踏实实完成该部分再做打算。

练字和背诗词方面一直能坚持，没有太大问题。

锻炼身体方面主要是以长跑为主，偶尔打打乒乓球。锻炼方式比较单一，对于身体素质的提高不是那么全面，耐力虽然强，但是对应的爆发力、上肢力量等就弱得多了。

生活习惯是与科研状态相关的，当科研投入的时候会显得比较自律，科研态度松懈的时候会出现熬夜和晚起的情况。

（六）过去一年思想的波动

由于 2020 年上半年疫情的原因，在家闲着的时候就专门去阅读了一些文史哲类书籍。虽然此前自己也看过一些，不过也仅仅是囫囵吞枣、虎头蛇尾罢了，例如《毛泽东选集》也仅仅是看了比较著名的那几篇。通过自己的阅读以及思考，除了从前辈们的事迹中汲取了精神的养分，同时也慢慢地增加了自己的文史哲类知识储备以及对现实问题的思考能力，尤其是在现今错综复杂的网络舆情环境下，能够保持理性的思考对于个体来说确实是相当困难的。所以在空闲之时，多读读书也能提高自己的思辨能力，不至于何时何地都处于迷迷糊糊的状态。

另外，用今天的话来说，我是一个小镇做题家。从贵州毕节一个山村里通过考试，来到大山外面的世界，到华中科技大学读本科，再到浙江大学读博。最开始是庆幸，觉得也算是出人头地了；然而随着自己学习的深入，我不再有这种感觉。现在对于比自己能力强的人，不去刻意比较，不浮躁；对于能力不如自己的，不要带有轻蔑。毕竟从个人来说，刻意的比较是造成幸福感缺失的主要原因之一。从社会层面来说，"春风杨柳万千条，六亿神州尽舜尧"，创造历史的是人民群众，每个人或许能力有大小，特长各不同，但是要创造美好的生活，是需要大家的共同努力。

在担任班级学生党支部书记期间，刚开始对于支部内不讲纪律的党员处理方式不恰当，带有情绪，例如批评时语言有时过于激烈或者当着支部全体成员的面进行质问，这从原则上来说是正确的，但是这种方式方法是欠妥的。后面慢慢意识到这个问题之后，我开始都会用比较平和的语气询问一番，发现其实大家也都不是油盐不进的类型，也理解了"敢于斗争，善于斗争"这句话的深意。敢于斗争即是坚持原则，善于斗争即是注意方式方法。

暑期去某地进行了为期一个月的政务实习。在这次实践中，我勤勤恳恳地完成了单位交给的任务，每一篇报告的撰写、每一条会议内容的记录以及每一个数据的核对，让我切身体会到做基层工作就是从一些貌似不起眼的小事做起。同时，通过一系列的调研，让我对该地的产业结构有了一定的了解，增长了自己的见识，也看到了一些具体的政策在基层落实时存在的一些问题和遇到的阻力，意识到基层工作也不是那么简单。要想解决问题就得深入开展调研，这是一门很深的学问。

（七）对于总的问题的想法

1. 要实事求是。无论做什么事，都要落到实处，落到实处才能推动进程；所以什么事都要切实去做，要花时间，不踏实的人是做不成任何事情的，所以不要做机会主义者。

2. 学会时间管理，具体表现为时间的分配与学习的安排。在学习和科研中，"明日复明日，明日何其多"是为拖延症，"走马观花，囫囵吞枣"是不可取的；所以在学习计划中，计划做得再好，不符合实际也是行不通的。比如在有限的时间内安排了不可能完成的任务，那还不如不计划。再如计划得满满当当，短期坚持还行，旷日持久则将计划破产。因此计划应当与自己的实际行动力相匹配，有弹性空间，这样才能持久。

3. 明确自己的目标，知道自己想要什么。目标可分为短期目标和长期目标，短期目标的叠加就是长期目标，长期目标的分解就是短期目标；朝着自己的目标一个一个跟进，就能获得自己想要的。

4. 修身养性，提升自己的思想。不断学习，提高自己的思想觉悟和思辨能力。学习不仅仅是通过书籍，还有身边的人们，学习他人身上的优秀品质，诸如待人接物和科研态度等。作为共产党员更应当把修身列为必修课，否则怎么践行自己的入党誓词。

三、下个学年的计划

按照培养计划，我的第二学年将在国外度过。到了那边，在适应生活、完成学业和注意自身身体健康的前提下，也有很多事情需要去做。因此在本学年计划完成的事如下。

1. 科研任务——争取今年能够有文章发表，科研更上一层楼。
2. 专业能力——经过一年发现自己对好多专业知识比较生疏，抽出时间进行巩固的同时加强对数学的学习。
3. 课程学习——完成国外的相关课程。
4. 阅读——坚持阅读课外书籍。
5. 健身——坚持在宿舍楼健身房健身。
6. 语言学习——提升英语口语。
7. 旅游——在保证自己安全的前提下，去外地的一些景点看一看，博物馆、自然风光以及人文景点等。
8. 对上一学年自己的不良习惯慢慢进行纠正。

四、结语

若要成事，需先立志，立志而后知己所欲得所欲达。自古有"凡事预则立，不预则废"，继而辅之坚韧之力，则事可成，可谓之为才也。然所行事于社会是宜或害，决之于德，故于"修身齐家治国平天下"，修身居首，此谓之德也。国所需之才，两者兼备极佳，心向往之。然吾前时有蹉跎，方感"逝者如斯，当争朝夕"。

> **评语**
>
> 　　王进同学既能通过不断地阅读提升自己，又能作为支部书记引领支部同学共同进步。他从思考竺可桢校长的两问为起，通过对过去学习的回顾和对未来的展望，深刻思考了作为浙大航院学子的责任和担当，作为一名中共党员的信仰和觉悟。承先辈精神，启问天志向，青年学子当如是。
>
> 　　　　　　　　　　——浙江大学航空航天学院辅导员　王晓民

空天报国，砥砺前行

陈锦文　厦门大学航空航天学院

天风海涛，鹭江深长。

转眼间已是自己在厦门大学学习、生活的第 3 个年头。过去的 2022 年，我在厦大和老师同学共同见证了党的二十大胜利召开和中国共产主义青年团成立 100 周年，感受到了祖国对新时代青年"生逢其时，重任在肩"的时代号召。而在我心中那颗梦想的种子，也承载了很多美好的回忆，也定格了许多难忘的瞬间。作为博士研究生，我在科研中有了不一样的收获，在学生工作中有了更加深刻的感悟，在思想上有了更加明确的追求。

一、做"接地气"的科研

2022 年，我发表了两篇 SCI 期刊论文，这当中有投稿前的埋头苦干，也有等待审稿意见时的焦急和忐忑，当然也有论文录用时的喜悦。虽然成果的数量和质量是衡量博士生科研能力的硬性指标，但这并不是全部。对我来说在科研上最大的收获在于深刻意识到一名合格的博士生要做"接地气"的科研，将理论创新接地气、技术验证接地气和成果展示接地气，贯穿机器人导航与控制科研的始末。

（一）理论创新接地气

好的科研需要在理论层面做出革新，但这并不意味着方法和理论的随意堆砌。曾经我认为看上去高大上的论文就是所谓的好论文，但当我仔细研读它们时，发现一些细节交代不清晰，关键技术点经不起推敲，最终的实验结果也是差强人意。反思后发现，自己是被令人望而却步的公式和算法流程图迷惑了双眼。的确，创新是科研的灵魂，但是一味地追求创新而忽视科研的初心是不可取的。纯粹的科研是以问题为导向，改善现有技术的不足，推动领域的整体进步。而现有的一些创新是在忽略适用性和合理性的前提下，将前沿时髦的方法应用在自己的研究领域。通过一年的学习和思考，我认为创新的关键在于出其不意,但是顺理成章,而且还要恰到好处。出其不意在于创新点从全新的角度出发,通过新思想、新理念形成解决方案;顺理成章则在于创新点的每个环节合理有效、同时衔接有理有据,整体的流程逻辑清晰;恰到好处则是以目标为导向,以最小的代价最大限度地解决问题。

(二) 技术验证接地气

采用计算机仿真是验证技术的必要手段。但对于机器人的导航与控制来说,技术落地是我们科研的最终目标。在计算机仿真中,我们可以模拟出不同工况下理想的实验场景。但在上机实验中,会有诸多不可控因素,比如来自环境的外界因素,来自机器人自身的机动性因素等。这些在计算机仿真中均难以实现。因此,技术落地比计算机仿真难度更大,但这恰恰是导航与控制的灵魂所在。倘若一项技术仅仅停留在计算机仿真阶段,无法应用于实践,那也失去了其研究的意义。非常庆幸的是,在过去的一年里,自己悟出了上述的道理,将一项视觉导航技术成功落地,应用在了无人机自主巡航中。

(三) 成果展示接地气

当做完了理论研究之后,把研究成果以图文的形式呈现给大家十分必要。2022年我明白了要用简明扼要之文和清晰美观之图让更多的同行了解我们研究的过程。对于其他领域的专家,争取让他们明白我们的研究意义,取得了怎样的突破;对于同领域的专家,要让他们快速熟知我们的创新点、设计思路和理论依据。

为什么要接地气?在我看来,这是为了让更多的人知晓认可我们的科研工作。只有接地气的科研才能站得住脚,才能具有更强的说服力,也一定能够产出高质量的研究成果。所以还处于科研学习初级阶段的博士生,应该把更多的精力放在"接地气"上,通过攻坚克难提升科研能力,正所谓天道酬勤方能水到渠成。

二、用时代新人的标准开展学生工作

我认为,成长为一名堪当民族复兴重任的时代新人,仅有科研能力是远远不够的,还需通过学生工作磨炼自己。正所谓刀要在石上磨,人要在事上练,不经风雨、不见世面是难以成大器的。所以,在过去的一年里,我担任了多个学生干部职务,包括团支部书记、党支部副书记兼纪检委员、团总支宣传部部长和宿舍楼长,这让我科研之余的生活非常充实。同时,我获得了

"厦门大学优秀共青团员""厦门大学三好学生""厦门大学暑期社会实践先进个人"和"厦门大学暑期社会实践优秀团队"等荣誉称号。回顾一年的学生工作，我把自己的经历总结为四股劲，分别是只争朝夕的干劲、功不唐捐的韧劲、化繁为简的巧劲和勇立潮头的闯劲。

（一）只争朝夕的干劲

博士研究生的课余时间非常有限，起初我怀疑自己能否适应多角色的转换，平衡好科研和学生工作。出于这种担心，我为自己安排了作息时间表，将上午和晚上这类效率高的时间段用于科研学习，将饭后和下午的零散时间用于处理学生工作。刚开始的一周非常辛苦，但适应这样的节奏之后，我感到每天的学习工作非常充实，不仅充分利用了工作的黄金时间段，也将琐碎的时间化零为整。当两方面的事务让我应接不暇时，我会延长高效工作的时间。而后我意识到，一天的时间需要更加精细地拆解，分配给不同的事务，比如团日活动的策划、政治理论学习的记录、团总支推文的撰写与审核等。在这样科学规划、分秒必争的工作模式下，我找到了科研和工作的最佳平衡点。

（二）功不唐捐的韧劲

从年初至年末，除了常规工作外，我还协助团支部和党支部的成员学习建团百年重要讲话精神和党的二十大精神、组建"博士团"参加暑期社会实践、代表学院参加党员干部素质大赛和教师节座谈会、主持毕业班党员教育大会和"空天菁英"大学生特训营开幕式。我的工作贯穿整个年度，每个可以锻炼自己的机会我都不会错过。在这些事务中，虽然不是每一件我都百分之百对自己满意，但我都会抱着学习的心态去百分之百的付出，事后全面复盘、用心总结。日拱一卒无有尽，功不唐捐终入海。2022全年度，我参加了包括疫情防控、医疗服务、大型活动赛事、公益教育、校园服务建设5大类共24项志愿服务，总时长为183小时。当中，有在迎接新生时风雨无阻的等候，也有在疫情防控中起早贪黑的坚守。每一个小时，不仅是"为同学服务、为社会奉献"的辛勤付出，更是时代新人成长途中的磨刀石，来磨砺出"梅花香自苦寒来"的自强不息和"任尔东西南北风"的坚忍不拔。

（三）化繁为简的巧劲

在一年的学生工作中，我也遇到了诸多的困难，比如团支部的团日活动参与度不高、党支部的政治理论学习积极性较低等。我想这些问题的关键在于组织生活与博士生科研学习的关联不够紧密。为此,结合大家日常生活的特点,我举办了"博士学术沙龙"系列团日活动,为博士生创造沟通交流的平台,让大家敞开心扉释放心理压力。此外,我认为反复督促党支部成员学习政治理论知识难以取得好的效果。于是,我把相关理论学习中与科技发展、青年成长和高校教育相关的内容与我们科研工作生活紧密结合起来,以党课的形式与大家分享,取得了显著成效。工作遇到阻力,首先应该思考问题的症结在哪,接着从自身入手,反思自己有哪些方面需要改进。对团队里的成员,少些要求,多些引导,通过我们自己的改变去激发大家的主观能动性。先抓住问题的本质,再抽丝剥茧、化繁为简,我想再大的困难都能够迎刃而解。

(四)勇立潮头的闯劲

2022年,我心中有份信仰,希望厦门大学航空航天学院"空天报国 砥砺前行"的精神能屹立在航天强国的浪潮之巅!为此,我做了三件事。第一,在福建综合广播的采访中,有幸代表厦大学生对中国航天人送去新年祝福,通过媒体让中国航天人聆听到厦大的声音。第二,组建实践队赴海南开展暑期社会实践,见证"问天"实验舱逐梦苍穹,并与兄弟院校的空天学子们百舸争流。第三,作为学生代表在学院新生开学典礼上发言,让"空天报国 砥砺前行"的力量薪火相传。弄潮儿向涛头立,手把红旗旗不湿。虽然前方风大浪急,但只要不忘厦大学子的初心,牢记中国航天人的使命,就一定能够乘风破浪,让"空天报国 砥砺前行"这面光荣的旗帜在航天强国的浪潮中熠熠生辉。

三、做新时代的空天追梦人

以前,我看到更多的是航天人突破关键技术的骄傲自豪,或是取得成功后的激动喜悦,但2022年的几件事让我在思想上从另一个角度重新认识了航空航天这个领域,也对自己有了更高的要求。

(一)十年磨剑的标杆

在学院与中国空间技术研究院五〇二所联合举办的党日活动中,五〇二所向我们展示了传承科学家精神的宣传片。片中讲述了中国空间技术研究院白手起家、筚路蓝缕的艰辛历程,在"东方红一号"、载人飞船、北斗导航、火星探测等重大工程中,老一辈航天人把"十年磨一剑"的科研精神展现得淋漓尽致。这也让我意识到自身的不足：在面对技术瓶颈时，缺少前辈那份"路漫漫其修远兮，吾将上下而求索"的矢志不渝；面对时间紧任务重的局面时，缺少"化压力为动力，变平凡为非凡"的勇往直前。

（二）问天升空的震撼

去年暑期，在学院老师的带领下，我组织实践队赴海南文昌见证"问天"实验舱的发射。通过老师的讲解，我们了解到搭载"问天"实验舱的长征五号B遥三运载火箭中还有着我们厦大的科研力量。肖望强教授的团队采用颗粒阻尼技术，研制出箭降冲用阻尼盒，为长征五号B运载火箭和载人空间站分离提供了关键技术保障。在发射过程中，我经历了点火前的屏气凝神，感受了火箭升空时的惊天动地、响彻八方，也见证了问天升空、逐梦苍穹。在发射现场的欢呼声中，我深深为祖国的繁荣昌盛感到骄傲自豪。这份热忱也会激励自己赓续前行，在迈向航天强国的道路上奋楫争先。

（三）航天英雄的坚守

去年11月，我校邀请"航天英雄"杨利伟走进群贤大讲堂，为我们讲述飞天圆梦的故事。在提及航天员这份工作时，他说道："祖国利益高于一切。"这句话深深触碰到了我内心深处的那八个字——"空天报国 砥砺前行"。面对严苛的训练和巨大的工作压力，航天员们选择的不仅仅是一份职业，更是一份责任。他们用一个个坚实的脚印，将梦想化作现实，把国家利益和人民期盼永远放在心中的最高位置。这份情怀也会鼓舞我在空天报国的征途中勇毅前行。

回望过去的一年，有老一辈航天人树立的标杆，有航天英雄讲述的坚守和感动，也有飞船成功发射带来的震撼和激动。我想一代人有一代人的使命，但永恒不变的是追梦路上坚定的信仰。它既是功成不必在我的从容与谦逊，也是功成必定有我的责任与担当；既需要举重若轻的实力和底气，也需要举轻若重的细致和严谨。我们新时代的空天追梦人，要怀揣梦想，更要脚踏实地。

四、收拾心情再出发

总结完了我的2022年，我想对2023年的自己做出几点规划。

首先，在科研上需要培养团结协作的能力。博士阶段课题的目标是让无人机平台在多种环境下实现安全平稳的自主巡航。这既需要单个模块高效的运行,也需要多个模块之间可靠的协同。面对这项系统工程,作为博士生的自己更应该调动大家的积极性,团结大家群策群力,发挥集体的智慧,事半功倍地解决各项技术难题。

其次,我即将进入毕业班,也到了脱团的年龄,无法继续在团内担任职务。但我要求自己能够坚守参加学生工作的初心,用图文的形式总结过往成功的经验和失败的教训,给下一届的学弟、学妹提供实实在在的借鉴,将我们"空天报国 砥砺前行"的精神薪火相传。

面临就业的压力,情绪难免会出现波动,但我希望自己不要纠结过去的遗憾,也不要担忧将来的未知,排除杂念专注于每天的科研工作。在实验室里,在自己的工位上,用"开弓没有回头箭"的信念朝着目标坚定前行。

在外求学十余载,离不开父母的支持、鼓励和鞭策。在我得意时,他们会予以善意的提醒,让我戒骄戒躁;在我失意时,他们会送上暖心的安慰,让我知道身后有一个宁静的港湾。但随着学业愈加繁忙,陪伴父母的时间越来越少。这次离家返校时,母亲对我说:"你有自己的事要忙,加油!"我明白自己总有一天要独自面对风风雨雨,但父母对我有太多的牵挂和不舍。所以,我希望自己能常打电话给父母,并牢记他们的谆谆教诲,感恩他们对我无条件地付出!

怀揣着梦想再次起航,我要努力用坚实的步伐走出一条属于自己的路!祝愿自己能一路顺风,心想事成!问鼎九天的梦想永不止息,空天报国的脚步永无止境!

> **评语**
>
> 该生以洋洋洒洒千余字,道出了厦大人对中国航天事业的执着追求与极致热忱。陈锦文同学在科学研究中的孜孜以求,学生工作上的精益求精和逐梦征途中的全力以赴,无不反映出航天学子在践行"空天报国 砥砺前行"使命中的不断探索。望再接再厉,再创佳绩!
>
> ——厦门大学航空航天学院辅导员 刘群

在徘徊孤单中坚强

陈亮　清华大学航天航空学院

2021年最难忘记的还是疫情。对于本人这一年的学习、生活和社工总结如下。

一、学习：每一次都在徘徊孤单中坚强

2020年入学，从专业角度算是转专业了，在内容上的差异不是非常大，都是做工程热物理，特别是集中在散热，并且都在热管散热这一块。但是，应用方向，以前是作微小器件的散热，现在是做大型数据机房的散热。以前更偏向于基础的研发研究，现在更偏向实际的应用研究。从某种角度来说，这是更具有实际生产价值和意义的。

基于新的应用方向，我提出了针对数据中心的脉动热管散热装置设计，并在年初2—3月份申请了一个实用新型专利（10月份授权）和发明专利。11月份在这个基础上，继续优化改进，面向更复杂的应用场景提出2种不同的散热结构，并申请了2个实用新型。

专利要有价值，还必须做出来。三四月份，经历了漫长的寻找厂家的过程，因为是小批量个性化定制，好不容易才让厂家完成了2个玻璃材质散热装置样件。5月份，给样件搭建了一套实验装置，进行了一些可视化的性能探究。8月，开始利用非可视化的装置进行对比研究。从设计制造搭建到能够正常运行，这个过程就花费了近3个月。等做出来比较好的实验结果，已经4个月了。而此时，还只是刚好踩通整个实验。接着问题来了，文献里的研究和总结，对于这种器件的应用是有它的局限性的。此刻摆在我面前的最难的事情是，下一步该如何走？脉动热管还有必要继续研究吗？周边老师讲的也没错，其难以取得大突破。这个方向是放弃还是继续？徘徊了2个月，最终还是得放弃。而一旦放弃，这就算是徘徊了1年。但是，我仍然需要鼓起勇气，不气馁，在2022年继续寻找新的突破口。

2021年暑假，我有幸前往中国商用飞机有限责任公司，进行了为期6周的博士生实践。去公司前是憧憬满满的，过程中也是朝九晚五的工作状态。虽没有和公司导师或者周边工作人员打成一片，也有一些收获，特别是公司需求导向、层层落实、往下细化的工作方式。大飞机试飞的目的和需求提出来后，分为几个模块试验去设计测试校核，然后提前由具体部门落实每一部分内容，有问题再返回上一级部门或者同级进行修改。这是感受最深的。

2021年，我从学习研究角度收获最大的，还是通过吃老本实现的。基于硕士后2年的工作，经过持久的半年间隙的修改投稿再修改，论文总算是被 Applied Energy 录用了。也正是如此，我并不急躁，因为我觉得需要足够的时间去完成一个工作，短期并不容易产出。当然，这也是和研究的具体内容方向有关。比如研究算法或者模拟的，可能换个对象周期也不长。而以实验为基础的研究，在换了方向后，就需要一个新的实验设计和落实，一个稳定的实验平台是后续展开工作的坚实基础。诚然，这一年，我在徘徊孤单中坚强，感觉又回到了最初的起点。但一切经历都是成长，期待在2022年寻找到新的研究方向。

二、生活：因体育而多彩

"无体育，不清华"是我入学一年半来感受最深刻的。可以说我的生活，或者说生活中的快乐大都来自体育活动，主要以跑步为主。

2021年初，因为留校，我在校内延续了跑生肖年的生肖图案的习惯。不同的是，以往我是跟随者，2021年牛的图案我则是创造者，在有限的校园里跑出了无限的可能。同样的，2021年底，我又设计起了2022年老虎的图案。2021年完成了24个节气的跑步，也和杨先情老师在陪跑中建立了长久跑友的关系，他是这一年和我一起跑步最多的人，其次是袁继英老师，基于10千米以上的长距离和各种有趣的路线，特别还有55千米的二环，是和赵影老师一块儿跑的。为什么和我一块儿坚持的都是教工？因为清华晨跑队好比一个温馨大家庭，师生们在一起运动。

2021年，我还接触了跑团。从跑团普通工作人员到核心骨干，也都是源于对跑步的热爱，然后不断深入体验，去学习一个集体的建设。2021年的跑量应该有2021千米。

这一年，1月份跑了2环，2月份跑了牛头跑，4月份跑了厦大校友公园跑、厦马和清华110校庆跑。学院层面的还有马杯和航天跑,马杯距离前八还有两名,航天跑是在嵇长秋的协助规划下完成的。4月份,跑得多而有趣。也正是如此,五一劳动节我以校友跑团身份参加北京公园半马,取得了半马最好成绩1小时31分。5月份之后天气热了,跑得少了,就是维持节气跑。然后7月份去上海跑了不少,从19.21千米跑到20.21千米,再跑个7.1千米,后面还去黄浦江两岸和滴水湖留下了跑步印记。

8月份由于疫情暴发,北京回不去,在廊坊生活期间稍微开拓了下跑步新路线。9月开学,校内又集体跑了起来,特别是第一次香山爬和中秋节的夜爬。十一国庆跑,还遇到了原来一块儿跑的施一公老师。10月底,因为2021年秋季学期组建了航院跑步俱乐部,我就参加了课外一小时的跑步月和跑步周活动,背靠背跑了26＋46千米,为学院夺得了季军。同时,跑步周活动也带动了班里的体育氛围,我们申请了体育基金,组织了跑步、羽毛球、乒乓球和台球系列运动,希望大家都能健康生活、快乐学习。

11月和12月都是间歇着跑,特别是周末会去跑个长距离。11月的周末跑了2号线凑了个全马,跑了奥森玫瑰花。同时,11月底又和跑友约了定向越野,拿到校内团体第二。12月跑了冬奥跑,收获学院俱乐部和班级俱乐部两个奖杯。紧接着和跑协跑了一二·九和迷你马,一二·九跑拿了第三,迷你马拿到站台前三十也是比较幸运。下旬跑了TP-link清北校园绕环。12月最后两天,跑了校内大中小的2022字样,大的是和跑友一块儿晨跑,小的是下午和学院的老师、同学一块儿跑的迎新跑,中等的是晚间校内组织的跨年跑,非常热闹有仪式感。2021年运动很多,各种长距离和花样跑,有人愿意一块儿跑,很开心,很感谢大家的陪跑。跑步占据了生活的大半,因为跑步而精彩,更因为运动而健康。

三、社工：一波三折

2021年,我担任了党支部书记、学院党建助理以及带班助理。上岗前,从前人经历来看,我觉得不是很难的事,都是比较烦琐的事。党支部书记一职,纵观整个学院,自认为还是做得不错的,但是很可惜没有拿到优秀支部和优秀支部书记。2021年春季学期给我的感受就是,忙中出错。出了三个错,也是我这个标题里的一波三折中的三折。第一个,通知发漏了。第二个,某重大活动中将未提前报名的同学带入活动现场。第三个,党员发展环节表述和沟通出了问题。回首三个问题，都是好事，但给我也敲响了警钟。

三个不足确实是需要继续改进提升的。接下来的一学期，我对工作内容更加熟悉了，也积累了很多文字信息，进一步证明了好记性不如烂笔头。同时，也是提醒我要更加注重思政引导，尝试跟带的班的同学们更多的交流。毕竟都是同龄人，同龄人之间的交流还是很愉快的。

作为党支部书记，今年重点开展了党史学习教育，我提出并落实了每人自学党史内容然后集体分享的建议，坚持了一年。然后在年初想着建党百年做点儿什么，有了追寻一大足迹的想法，后面在研究生工作部的研究生党支部特色活动的支持下，和航博以及上交、复旦的好友一起进行了比较有意义的百年党史专项实践活动，起到了较好的宣传引领作用，受到大家的好评。我们支部在校内获得优秀成果奖励，并在全校研究生集体建设大会上做了分享。这次不仅仅让自己的支部有收获，合作的各个兄弟院校的参与者也都有收获。虽然没能报名天安门建党百年的专项活动，但是有幸在现场观看了神舟十二的发射，确实非常震撼，那一瞬间，自豪感油然而生，感叹祖国科技事业的蓬勃发展。

2022年年度个人计划

2022年，我将继续在以下方面努力：

1. 学业上找到一个研究方向，在该研究方向完成一定量且系统的工作。
2. 生活上继续保持健康，保持对生活的热情，保证2022千米的年跑量。
3. 社工上继续完成至少2022年春季学期的工作。

评语　陈亮从党支书到党建助理，一路学习，自我调整。这个过程中个人成长进步非常鲜明，能够体现双肩挑辅导员队伍的优良传统，锻炼能力，塑造品格。作为博士生，在学习研究方面也是努力探索，敢于换方向尝试。他的经历真实可感，能够给师弟、师妹提供一些参考。

——清华大学航天航空学院党委副书记　张宇飞

后 记

高校航院大学生优秀年度总结计划评选活动工作案例

孔祥彬　古定翱　安晟斐　西南交通大学力学与航空航天学院

一、案例背景

"君子博学而日参省乎已,则知明而行无过矣。"中华传统文化历来强调"自省"和"规划",注重慎独自律、省察克治的修身之道。习近平总书记也曾引用"君子检身,常若有过""莫见乎隐,莫显乎微,故君子慎其独也"等古语,勉励我们要善于总结、反思并不断改进自己。每年进行个人年度总结与来年的规划,是当代大学生应该养成的一个优良习惯,也是大学素质教育的一个重点。

笔者及所在单位历来重视年度总结计划写作工作,并将此作为学院开设的本科新生研讨课《大学之道》、研究生新生学业导引课《大国动力》和通识课《为学为事为人》的课程作业进行布置,后来又将此作业进行活动化设计,开展了以课程为载体的优秀总结计划评比活动,进而联合多校开展了高校航院大学生优秀年度总结计划评选活动。

二、活动设计

1. 活动名称

高校航院大学生优秀总结计划评选。

2. 活动范围

面向高校航空航天类学院本科生、硕士生、博士生。第一、二、三届参评高校范围不断扩大,详见后文。

3. 评选内容

参赛者需提交自己原创的年度个人总结及第二年计划,体现"我做了什么、有什么成绩、有哪些感悟、还有哪些不足、不足的原因是什么、明年我该怎么做得更好"的回顾和规划。主办方还提供了本、硕、博以及不同年级的总结计划案例供参赛者参考。

4．评选程序

活动分初评、总评、终评三个阶段。首先，由参加活动的各校组织本校航院学生写作、投稿并进行初评，评选出规定数量的作品进入总评。总评由参评高校航院交叉评选，按照规定比例评选出 A、B、C 三个等级。然后，由牵头单位组织特邀评委对 A 类作品进行联合终评，最终评选出特等、一等、二等、三等及优秀奖。

5．评选标准

主要从三个方面进行评价，一是文笔通顺流畅，二是自己的观点体会深刻，三是能体现出符合社会主义核心价值观的个人情怀。

三、实施情况

第一届：七校航院大学生优秀总结计划评选

本届活动面向西南交通大学、清华大学、北京航空航天大学、南京航空航天大学、电子科技大学、浙江大学、重庆大学七校航空航天类学院举办。活动邀请了清华大学"写作与沟通"课程负责人梅赐琪、西南交通大学"悠然见君子"课程负责人孔祥彬两位老师分别做了题为"写作的思维""慎独与内省——如何写好年度总结计划"的辅导讲座。经各校初评和七校联合评审，最后特邀教育部中国大学生在线、清华大学、浙江大学、西南交大等专家终评，共评选出特等奖 3 名（见表 1）、一等奖 7 名、二等奖 16 名、三等奖 22 名。部分获奖作品在立德树人网进行了展示。

表 1　七校航院大学生优秀总结计划评选活动特等奖名单

序号	作者	学校	标题	奖项
1	崔××	北京航空航天大学	无惧风雨，踏实前行	特等奖
2	张××	电子科技大学	名为"自由"的黎明	特等奖
3	赵××	清华大学	身下与云间——廿廿有感	特等奖

第二届：十校航院大学生优秀总结计划评选

本届活动面向西南交通大学、清华大学、北京航空航天大学、南京航空航天大学、电子科技大学、浙江大学、重庆大学、四川大学、华中科技大学、西北工业大学等十校航空航天类学院举办。活动还邀请了清华大学 2021 年度特等奖学金获得者刘泽华分享成长体会。经各学院初评和十校航院交叉评选，最后特邀全国高校辅导员工作研究会、教育部高校思政网、四川省教育厅宣传思想工作处等专家终评，评选出特等奖 3 名（见表 2）、一等奖 7 名、二等奖 10 名、三等奖 33 名、优秀奖 41 名。

表 2　十校航院大学生优秀总结计划评选活动特等奖名单

序号	作者	学校	标题	奖项
1	赵××	清华大学	生活平淡，生命精彩	特等奖
2	王××	西北工业大学	不患无位，患所以立	特等奖
3	夏××	北京航空航天大学	回首来时路，展望新征程	特等奖

第三届：高校航院大学生优秀总结计划评选

本届活动面向西南交通大学、清华大学、北京航空航天大学、南京航空航天大学、电子科技大学、浙江大学、重庆大学、西北工业大学、四川大学、华中科技大学、哈尔滨工业大学、北京理工大学、大连理工大学、上海交通大学、复旦大学、同济大学、厦门大学等十七所高校航空航天相关学院。经各学院初评和十七校航院交叉评选，最后特邀中国高等教育学会大学素质教育研究分会、教育部中国大学生在线、南昌大学等专家终评，评选出特等奖 5 名（见表 3）、一等奖 13 名、二等奖 30 名、三等奖 41 名。

表 3　高校航院大学生优秀总结计划评选活动特等奖名单

序号	作者	学校	标题	奖项
1	李××	清华大学	厚积薄发，赓续前行	特等奖
2	王××	西南交通大学	关于遗憾的辩证法	特等奖
3	夏××	北京航空航天大学	落子无悔，奔赴前程	特等奖
4	郝××	哈尔滨工业大学	认识自己	特等奖
5	高××	厦门大学	征途漫漫，惟有奋斗	特等奖

四、活动特点

1. 以"省察克治"为特点的活动内容

活动主要是以年度总结计划为载体，引导大学生运用"省察克治"的修身之道，在寒假中回顾自己一年的学习生活：一是"省察"，即通过总结来反省察觉自己这一年做得好的是什么，不足在哪里，好的经验是什么，不足的原因又是什么；二是克治，即将反思得到的经验和教训用以指导来年的学习生活，引导学生思考"明年我该怎么做得更好"，从而提出第二年的学习生活计划。在文本评比中，也将以上部分作为评比的重要考察点。

2. 以"多校互动"为特点的组织方式

活动由西南交通大学为具体联络单位，以多校联合开展为组织方式，在组织过程中注重学校之间的统一节奏和互动参与。一是充分发挥各校积极性，由各校组织本校初赛，评选推荐出规定数量内的总结计划进入总评。二是在总评中设置了交叉互评环节，让每个学校都参与评审环节，也让各校借此机会能够详细了解评审对象学校的学生的学习生活情况。三是在整个活动过程中各校均按照统一模板在本校网站或公众号进行评比通知发布和活动结果发布。

五、活动效果

活动开展以来，来自十七个高校的航空航天类院系的3000多名学生参与了该项活动。连续三届举办的该项活动也在各校成了一个常规性活动，其中西南交通大学力学与航空航天学院还在校内同期举办了三届全校性总结计划评比活动。参加活动的学生们纷纷对该项活动给予好评，从中也发现举办活动的初衷得以实现。

1. 通过撰写总结计划促进学生反思和规划

活动举办者的初衷就是让学生学着写总结计划，首先是清楚格式要求、内容要求，然后是借由这个写作促进学生的反思与规划。许多学生在完成写作后都表达了对老师引导自己进行总结计划的感谢。如以下两位同学所言：

> 感谢老师们组织这种从小处着手，培养学生日常好习惯的活动。随着我自己的年度总结计划逐渐完善，漫长学期结束后围绕着我的混沌与迷茫也渐渐消逝，取而代之的是尘埃落定的安宁。有了文字的载体，过往的喜悦与伤心真实可触，未来的模样也清晰可见。总之，这次总结活动第一次让我体会到完整度过一个学年的圆满与认同。（华中科技大学潘同学）

> 本次总结计划对于自己的学习、生活、工作有很好的指导意义，也在写的过程中对自己一年以来的经历进行复盘，感觉收获很多。也许在

平常没有注意的一些细节或者一些失误，会在思考的过程中放大，同时也会对自己未来的安排进行合理调整，对于以后的生活学习具有很强的指引作用。（西南交通大学周同学）

2. 通过多校联合活动让学生们交流互鉴

为了增强学生的参与感和获得感，比赛组织者联合了多所高校航院参与该项活动，并且将各校优秀总结计划在学院微信公众号进行了优秀来稿选登以及在西南交通大学立德树人网进行了获奖作品展示，让各校学生们有了参考借鉴的良好机会，也让学生们有了灵感的触发，抑或是得到榜样的激励。如以下两位同学所言：

本次活动将多个高校的优秀航院学子聚集在一起，展示出他们在求学路上的思考与选择，让我们得以学习效仿。同时营造出的良好氛围让有志之士们荟萃一堂，彼此坚定了航空报国的决心！（重庆大学游同学）

生活处处有学问。写一篇总结计划的作业得来的感悟远不止写作本身，在其他优秀同学的总结计划中我看到了对待生活的每一事物的认真态度。及时总结，及时反思，时刻清醒，认清眼前的路。认真总结之后可以发现，未来在我们的手中，人生有梦，行在当下。（清华大学李同学）

3. 通过评比展示活动促进了各校更多合作

经过三年的活动，十七所高校航空航天类学院彼此加深了了解，进而将合作方式扩展到学生党建、班团建设、学风建设、社会实践、科创竞赛、辅导员队伍建设等多个方面。例如西南交通大学、四川大学、电子科技大学、重庆大学等校举办了第一届、第二届川渝地区高校航院班团建设论坛，西南交通大学、大连理工大学、浙江大学等联合举办了第一届"工程之美"九校工程美学摄影比赛。西南交通大学力航学院和重庆大学航院联合共建了"时代新人铸魂工程联合工作站"，开展了一系列交流合作工作。

六、经验启示

1. 引导大学生养成总结计划习惯是素质教育的重要内容

部分大学生在大学生活中出现"佛系""躺平"甚至"摆烂"等情况，归根结底是学生没有学习目标,缺乏前进动力,加之与高中生活完全不同的宽松环境和网游、网剧等多种诱惑,很容易出现趋易避难的行为选择。开展年度工作反思,撰写年度总结计划是职场人士的一个必备素养,也是职业发展水平提升的一个重要工具,应该成为新时代大学生素质教育的一个重要工作方面,通过年度总结计划来有效提高大学生独立思考、独立规划个人学习生活的水平和质量。后续参与活动的高校还需要扩大活动参与面,让更多同学参与进来,养成年度总结计划的好习惯。

2. 组织行业领域跨校评比活动能有效提升学生参与积极性

将学生撰写年度总结计划作为一个校园文化活动来组织,以评比方式进行激励,会提高学生的参与积极性。在此基础上,将活动参与范围扩大至相同行业领域高校,特别是和本领域顶尖高校学生同台竞"技",会更加激发学生参与活动的意愿。本项活动一开始就由航空航天领域顶尖高校清华、北航、西工大、南航等联合发起,第二届增加了川大、华中科大、哈工大三所高校,第三届又增加了北理工、大连理工、上交、复旦、同济、厦大,这也证明该项活动得到了各高校的普遍欢迎。后续活动还会扩大参与高校,争取将活动做成全国高校航空航天类院系的常规性活动。

3. 加强大学生学习经验交流互鉴有利于激发学生内生动力

通过三届活动的举办,活动举办方的各个学院老师们也收到了许多学生对该项活动的好评,不少学生都表示感谢,感谢这项活动让自己完成了人生中第一次正式的年度总结计划,也养成了自己每年都撰写个人总结计划的习惯,并且因此对自己一年的学习生活情况进行了总结和谋划,让自己想得更深,后续学习动力也更强了。活动还邀请了清华大学梅赐琪、西南交大孔祥彬、清华大学刘泽华同学等通过线上讲座的形式分享写作和学习经验,受到同学们的热烈欢迎。后续还将这种分享活动作为常规动作放进活动工作体系中,让更多同学懂得写、善于写并且精于思,更重要的是付诸行动,让每一年的自己都有新的进步。

图书在版编目（CIP）数据

优秀者善总结　聪明人勤复盘：17所顶尖高校大学生的年度总结计划／孔祥彬主编.
—武汉：华中师范大学出版社，2023.12
ISBN 978-7-5769-0432-1

Ⅰ.①优…　Ⅱ.①孔…　Ⅲ.①大学生－学生生活　Ⅳ.①G645.5

中国国家版本馆CIP数据核字（2023）第247493号

编 辑 室：第一分社
电　　话：027-67867317
策 划 人：张　华　胡小忠
责任编辑：易　雯
责任校对：巴　铭
封面设计：胡　灿
出版发行：华中师范大学出版社有限责任公司
社　　址：湖北省武汉市洪山区珞喻路152号
邮　　编：430079
销售电话：027-67861367（发行部）
网　　址：http://press.ccnu.edu.cn
电子信箱：press@mail.ccnu.edu.cn
印　　刷：湖北恒泰印务有限公司
督　　印：刘　敏
开　　本：787mm×1092mm　1/16
印　　张：13.75
字　　数：230千字
版　　次：2024年4月第1版
印　　次：2024年4月第1次印刷
定　　价：60.00元

敬告读者：欢迎举报盗版，请打举报电话027-67867353